1968 y el cine

MEMORIAS DEL 3er. ENCUENTRO DE LA CRÍTICA CINEMATOGRÁFICA

Compilación de

Pedro R. Noa

1era edición, Miami, 2020

Edita: Editorial Primigenios
Miami, Florida.
Email: editorialprimigenios@yahoo.com
https://editorialprimigenios.com

Edición y maquetación: Eduardo René Casanova Ealo

Índice

Índice

Crónica para un Encuentro de la Crítica cinematográfica en La Habana

Apenas han pasado dos años desde que culminó el Tercer Encuentro de la Crítica Cinematográfica, celebrado entre el 1ero al 3 de noviembre de 2018 en la sala Terence Piard de la Muestra Joven ICAIC en La Habana. Organizado por la Asociación Cubana de la Prensa Cinematográfica, el evento tuvo como tema central 1968 y el cine cubano y extranjero.

Fueron tres días de mucho trabajo, pero de satisfacciones, porque, en primer lugar, se cumplió todo el programa que se había planificado, aunque -también debo escribirlo – hubo sus afectaciones con el horario, y los programas académicos estuvieron demasiado apretados, por lo cual no siempre hubo tiempo para propiciar el intercambio entre los ponentes y sus interlocutores.

El tema convocado ya había despertado el interés de un grupo de profesores, investigadores y críticos, lo cual permitió contar con 12 trabajos, todos promisorios por las aristas que (revisado el resumen), prometían abordar, y la verdad, en casi todos, las expectativas fueron sobrepasadas. En este punto hay que señalar la presencia de personas provenientes de las provincias y el extranjero. No tantas cómo se hubiera deseado y ameritaba el tema; pero una como la otra les dio un matiz muy interesante a los acercamientos teóricos.

La conferencia inicial estuvo a cargo de Rafael Acosta de Arriba, quien abordó un tópico que viene estudiando desde hace mucho tiempo: El Congreso Cultural de La Habana, realizado en enero de 1968. Acosta de Arriba hizo un análisis tanto del contexto muy particular en que se forjó este evento, como de las peculiaridades internas del mismo, para demostrar por qué había nombrado su propuesta: "El

Congreso Cultural de La Habana, expresión de un camino que no fue", y cerró su exposición con un fragmento de un Noticiero ICAIC dedicado a cronicar aquellos días en la capital cubana, donde se reunieron varios centenares de intelectuales de todo el orbe.

Así quedó abierto el camino para el primer grupo de ponencias. Lo inició el crítico de arte Antonio Enrique González, con un estudio sobre el baile en varios largometrajes de ficción cubanos desde *Cuba Baila* (1960. Julio García- Espinosa) hasta *Memorias del subdesarrollo* (1968.Tomás Gutiérrez Alea) y *Coffea Arábiga* (1968. Nicolás Guillén Landrián). La tesis mantenida por Antonio Enrique durante su exposición fue que el "bailable popular", como ritual social de distención inofensivamente hedonista y disfrute del ocio, terminó en gran medida estigmatizado en los sistemas de representación audiovisual cubanos hasta el mero presente.

Berta Carricarte, profesora de la Facultad de Artes y Letras, Universidad de La Habana, abordó uno de los filmes estrenados en 1968: *Aventuras de Juan Quin Quín* (Julio García- Espinosa). Carricarte propuso su tema como una provocación, pues analizó la obra desde el neorrealismo italiano (defendido por García Espinosa), en confluencia con características de géneros provenientes del cine norteamericano como el western, el cine de aventuras y la comedia. Por tal motivo, tituló su trabajo: "Entre el Neorrealismo y western. *Aventuras de Juan Quin Quin*".

Las dos presentaciones siguientes tuvieron como centro a dos documentales estrenados también en 1968: *Hombres de mal tiempo* (Alejandro Saderman) y *La Odisea el General José* (Jorge Fraga). Ambos tienen en común el tema de la Guerra de los 10 años y la construcción de la memoria por parte de sus realizadores.

El primer documental fue analizado por Daniel Céspedes, crítico de arte y director de la Mediateca de la Escuela Internacional de cine y tv de San Antonio de los Baños (eictv), quien destacó - en este corto prácticamente olvidado-, la construcción de un diálogo entre presente y pasado, a partir de la recreación que hace su director por medio de la confrontación entre veteranos de aquella guerra aún vivos y actores profesionales, quienes fueron recreando los acontecimientos que los primeros narraban. Por tal motivo, Daniel Céspedes plantea que en dicho filme también están presentes los pares de tradición y modernidad, espontaneidad y manipulación, o autenticidad y simulación. En fin, testimonio e iniciativa, a partir de la Historia que se recrea/reconsidera/reconstruye a sí misma.

En la misma cuerda de la producción de la memoria, Astrid Santana Fernández de Castro, profesora de la Facultad de Artes y Letras, Universidad de La Habana, partió de dos presupuestos teóricos importantes para su acercamiento a *La Odisea del General José*: La representación de la memoria, en tanto narrativa sobre el pasado histórico desde anclajes y propósitos discursivos configurados en el presente de la enunciación; y la memoria conmemorativa, a partir de la importancia del año 1968 en Cuba, y la conmemoración del centenario del inicio de las luchas por la independencia, nominado como "Cien años de lucha".

Desde estos puntos de análisis, Astrid Santana estudia el texto en el marco de la conmemoración, para llegar a la conclusión de que Jorge Fraga, su director, explora, ante todo, las figuraciones imaginativas del pasado que servirán para anclar el "tiempo de la revolución en curso".

La culminación de la primera jornada de presentaciones en el Tercer Encuentro de la crítica cinematográfica ocurrió con la ponencia de Carlos Alberto Castro García, especialista del Centro Provincial de Cine en Sancti Spíritu. Castro García propuso un análisis de tres obras estrenadas en 1968: *Memorias…, Lucía* (Humberto Solás) y *Coffea Arábiga*. Él llamó a su investigación: "Tres filmes unidos por hilos invisibles" y basó su tesis en la relación establecida entre aquellos largometrajes y el documental, su vínculo con el entorno y la forma en que lo reflejaron.

En la tarde del jueves 1ero de noviembre, además de la presentación y exhibición del filme *Nido de Mantis*, la más reciente creación de Arturo Sotto, se produjo un encuentro con la profesora norteamericana Ann Marie Stock, quien explicó un proyecto que viene desarrollando desde hace varios años en su Universidad, ubicada en el Estado de Virginia, Estados Unidos de América. El proyecto se nombra: *Cuban Media*. Sobre él conversó con los presentes acerca de la labor que despliega con sus alumnos para ayudar al desarrollo y promoción del cine cubano en esferas como promoción, subtitulaje, etc. Esta labor quedó recogida, desde 2015, en su libro *Rodar en Cuba*, publicado por Ediciones ICAIC, en el cual está el testimonio de su relación de trabajo y colaboración con cineastas de la isla.

El segundo día del Encuentro, viernes 2 de noviembre, toda la mañana se dedicó al trabajo académico. Se leyeron un total de ocho ponencias. Las cinco primeras todavía enfocadas en las relaciones entre 1968 y el cine cubano, las restantes, direccionadas hacia el cine mundial y ese año.

La sesión fue abierta por Arturo Arango, escritor, guionista, profesor de la Maestría en guion de la eictv, quien ofreció el texto "Claves para 1968", desde el cual refrescó muchos de los puntos de vista abordados el día anterior por Rafael Acosta de Arriba; pero ampliados al contexto mayor de todo el año y su repercusión en la cultura nacional, hasta llegar a afirmar que: "la mejor evidencia de lo que fue la década inicial de la Revolución, es la extraordinaria vitalidad de la cultura cubana, cuyos gestores mostraron, fundamentalmente entre 1967 y 1968, una mezcla inusual de madurez, trasgresión y coherencia".

Le siguió un grupo de ponencias que tenían como punto en común la trascendencia en el tiempo de los largometrajes *Lucía* y *Memorias…*. De este modo, Karina Paz, crítica de cine y profesora de la Facultad de Artes y Letras, Universidad de La Habana, hizo un acercamiento al primer cuento de la cinta de Humberto Solás desde la perspectiva de los estudios de género. Específicamente analizó el comportamiento de la protagonista dentro de la diégesis y su relación con el personaje coprotagónico masculino.

A continuación, Jorge Luis Lanza, especialista del Centro Provincial de cine en Cienfuegos, formuló las relaciones intertextuales entre dos filmes que tienen una continuación desde textos escritos por Edmundo Desnoes: *Memorias del subdesarrollo* y *Memorias del desarrollo*, esta última dirigida por Mario Coyula en 2010. Su aproximación a dichas películas se basó - según el criterio de Lanza-, en las relaciones dialógicas que establecen ambas cintas, el tratamiento del tema migratorio, y los conflictos identitarios como el exilio interior.

El último trabajo que abordó el vínculo entre 1968 y la filmografía nacional correspondió a Joel del Río, crítico de cine y profesor de la Facultad de Arte de los Medios de Comunicación Audiovisual (F.A.M.C.A.). Él relacionó dos filmes de Tomás Gutiérrez Alea: la varias veces mencionada *Memorias del subdesarrollo* y *Fresa y chocolate* (1993). Desde el título de su presentación: "Ansiedades habaneras de un cineasta: *De Memorias... a Fresa y chocolate*", quedaban sentadas las premisas de su mirada sobre estos textos audiovisuales: "el intento de desentrañar, explicitar, la complicada relación entre un cineasta inconforme y su ciudad natal, a partir de la elucidación de escenas claves en dos filmes separados por casi treinta años de permutaciones y desgastes".

Ya muy cerca del mediodía de ese viernes, Luciano Castillo, Director de la Cinemateca de Cuba, inició el breve grupo de trabajos dedicados al cine internacional. Con un "travelling" sobre una buena parte de los filmes extranjeros estrenados en 1968, donde no faltó el señalamiento crítico, Castillo dejó claro porque llamó a su intervención: "1968: un año parteaguas también en el cine".

El trabajo que le siguió pertenece a Mario Espinosa, especialista de la Cinemateca de Cuba. Espinosa rastreó los vasos comunicantes entre cine y música de los sesenta desde el concepto de la psicodelia como manifestación cultural de la década.

Los ponentes continuantes volvieron a coincidir en su objeto de estudio: el documentalista Santiago Álvarez. El realizador cubano sería puesto en la palestra desde su documental *LBJ* (1968) y *79 primaveras* (1969). El primero, le sirvió a la profesora Jennifer Hosek de la Universidad de Queens, Canadá, para presentar sus investigaciones sobre por qué el filme más experimental y arriesgado de Álvarez no había alcanzado la Paloma de Oro en el Festival Internacional de Leipzig, un certamen donde el documental cubano había obtenido importantes triunfos durante los sesenta, muchos de ellos, gracias al talento de este director. Hosek se apoyó en sus indagaciones en los archivos del festival, por eso tituló su trabajo: "*LBJ* de Santiago Álvarez en el Festival de Leipzig 1968: Estética, activismo, archivos".

79 primaveras uno de los filmes de Álvarez sobre la guerra en Vietnam y un homenaje a Ho Chi Minh, fue tomado por Miguel Alfonso Bouhaben, profesor de la Escuela Superior Politécnica del Litoral en Ecuador, para establecer una comparación entre la película cubana y *Le gai savoir*, realizada en 1969 también por el realizador francés Jean Luc Godard. Su propuesta se basa en conceptos teóricos surgidos al calor de la revolución de pensamiento ocurrido en Europa con Francia como epicentro, donde la fragmentación del texto, su estudio como una unidad dividida era posible. Por tal motivo, Alfonso Bouhaben nombró su ponencia: "El año después. Dislocación y deconstrucción de la imagen en *79 primaveras* y *Le gai savoir*".

La tarde del viernes 2 de noviembre trajo lluvias y la presentación de dos libros y una revista. Ediciones ICAIC cedió la primicia de presentación al Encuentro de la crítica cinematográfica de *Con ojos de espectador. Críticas y ensayos de Eduardo Manet*, compilado por Carlos Espinosa, y presentado, en esta ocasión, por Daniel Céspedes, quien destacó la calidad de las críticas reunidas en el volumen, escritas por Manet durante los años sesenta, casi todas en los números iniciales de la revista *Cine cubano*.

El otro texto fue *Confluencia de los sentidos. Diseño sonoro en el cine cubano de ficción*, escrito como tesis de Licenciatura por la joven Dailey Fernández. Lo presentó José Galiño, una persona de amplia experiencia en este rubro técnico-artístico dentro el Instituto de cine cubano. Él destacó la importancia de su publicación, debido a la escasez de tratados sobre esta imprescindible parte de la producción de una película y su estudio desde la teoría.

Después fue el turno de la revista *La Siempreviva* no. 27/ 2018, contenedora de un dossier llamado "La Cinelitura o el cine en libros". La promoción estuvo a cargo de su director Reynaldo González, Premio Nacional de Literatura 2003, y José Antonio Baujín, editor. Reynaldo González recordó su relación muy personal con el cine y el tiempo que estuvo al frente de la Cinemateca de Cuba, y ahora que estaba al frente de *La Siempreviva*, dedicada solamente a la literatura y los libros, habían decidido que el cine tenía que aparecer, pero solo mediante su manifestación literaria, el análisis de las obras o el trabajo de sus creadores, de ahí el dossier incluido, que pretendía ser también un homenaje a las editoriales de todo el país que habían abierto sus puertas a la divulgación del séptimo arte.

La jornada de ese viernes concluyó con un encuentro con tres Youtubers cubanos. Una muchacha, Dina Fernández, y dos varones: Jhan Oscars y Adriano López, quienes, desde hace varios años, se dedican a subir videos realizados por ellos mismos a esa plataforma de Internet.

¿Por qué propiciar una reunión de este tipo dentro de un evento de crítica cinematográfica? Primero, el trabajo realizado por ellos es una manifestación del audiovisual; segundo, han alcanzado en el planeta una gran influencia con sus obras dentro de un sector etario muy importante: la juventud. Por lo tanto, era imprescindible, para un crítico cubano, en pleno siglo XXI, conocer su *modus operandi*, sus inquietudes y las peculiaridades de ser un youtubers en este archipiélago del Caribe. Además, debía servir como antesala a la actividad que clausuraría el evento al día siguiente.

El sábado 3 de noviembre ocurría la última jornada. La sede no era, en esta ocasión, la sala Terence Piard de la Muestra Joven ICAIC, sino un aula de los Estudios de Animación. Allí se realizó el Panel "Institucionalidad, modelos de producción y el futuro del cine cubano", en el cual participaron Ramón Samada, presidente del Instituto Cubano de Arte e Industria Cinematográficos; Susana Molina, directora de la eictv; Liván Magdaleno Cruzata, Decano de la F.A.M.C.A., Ricardo Miranda, Presidente de la Asociación cubana del Audiovisual y Helmo Hernández, Presidente de la Fundación Ludwig de Cuba. El moderador, Víctor Fowler, poeta, investigador, crítico de arte.

De todas las intervenciones de las personas integrantes del panel, las de Samada tuvieron una repercusión especial, pues informó sobre los nuevos giros propuestos para la industria del cine cubano, las cuales debían ocurrir a finales de 2018 y durante el 2019.

Entre los anuncios, que después fueron motivos de debate por parte de los asistentes, estuvo la creación del Registro del creador, la posibilidad de formar lo que se llamará el colectivo de creación audiovisual y cinematográfico, el cual podrá tener personalidad propia, pero no jurídica. Colectivo que podrá operar una cuenta colectiva como una empresa, brindar y recibir servicio de personas e instituciones. También se pondrá en vigor nuevas figuras para el trabajo por cuenta propia relacionados con la labor audiovisual, entre los que estará el operador de equipos y el seleccionador de casting.

Ya dentro de las reformas que irá implementando el propio Instituto estará el Fondo de Fomento para todas las producciones nacionales, incluidas las independientes, el cual estará respaldado por el presupuesto del Estado cubano; una Comisión Fílmica y los Comités técnicos asesores.

Después de varias preguntas, intervenciones y respuestas por parte de todos los asistentes, donde la duda, el escepticismo y la esperanza en un cambio que renueve la institución cine en Cuba, se dieron la mano entre los artistas (la mayoría jóvenes), y críticos allí presentes, quedó clausurado el 3er Encuentro de la crítica cinematográfica.

Pedro R. Noa Romero

Programa general

JUEVES 1ero. DE NOVIEMBRE:

SESIÓN DE LA MAÑANA:

- **Apertura del Encuentro con el Cuarteto de cuerdas "Alma" del Isa**
  Sala "Terence Piard". Muestra Joven ICAIC (Calle 23 e/10 y 8. El Vedado)
  10:00 am

- **Conferencia "El Congreso Cultural de La Habana, expresión de un camino que no fue". Rafael Acosta de Arriba** (Doctor en Ciencias Históricas. Escritor, poeta, crítico de arte, ensayista e investigador del Instituto de Investigaciones de la Cultura Cubana Juan Marinello)
  Sala "Terence Piard". Muestra Joven ICAIC (Calle 23 e/10 y 8. El Vedado)
  10:30 am

- **Presentación de ponencias**
  Sala "Terence Piard". Muestra Joven ICAIC (Calle 23 e/10 y 8. El Vedado)
  11:30 am – 1:30 pm
  > **"El baile de los monstruos en el cine cubano***". Antonio E. González. Crítico de arte
  > **"Entre el Neorrealismo y western. *Aventuras de Juan Quin Quin***". Berta Carricarte. Profesora Facultad de Artes y Letras. Universidad de La Habana
  > **"Redescubriendo el documental *Hombres de Mal Tiempo***". Daniel Céspedes. Director Mediateca de la Escuela Internacional de cine y televisión de San Antonio de los Baños
  > **"El 68, la memoria conmemorativa de los Cien años de lucha y *La odisea del general José***". Astrid Santana Fernández de Castro. Profesora Facultad de Artes y Letras. Universidad de La Habana

"**Tres filmes unidos por hilos invisibles**". Carlos Alberto Castro García. Especialista Centro Provincial de Cine Sancti Spíritus

SESIÓN DE LA TARDE:

- **Presentación de la película cubana Nido de Mantis** (2018. Arturo Sotto)
   Sala "Charles Chaplin". (Calle 23 e/10 y 12. El Vedado)
   2:30 pm
   (Solo para los participantes en el Encuentro)

- ***Cuban Media Project*. Intervención de la profesora Ann Marie Stock** (Directora del Programa Film and Media y profesora de Estudios Hispánicos del Colegio W & M. Virginia, Estados Unidos de América.)
   Presentación del libro *Rodar en Cuba (Autora:* Ann Marie Stock**).**
   Sala "Terence Piard". Muestra Joven ICAIC (Calle 23 e/10 y 8. El Vedado)
   5:30 pm

VIERNES 2 DE NOVIEMBRE:

SESIÓN DE LA MAÑANA:

- **Presentación de ponencias**
   Sala "Terence Piard". Muestra Joven ICAIC (Calle 23 e/10 y 8. El Vedado)
   9:30 am- 11:00 am
      "Claves para 1968". Arturo Arango. Profesor de la Escuela Internacional de cine y televisión de San Antonio de los Baños
      "Los múltiples rostros de *Lucía".* Karina Paz Ernard: Profesora Facultad de Artes y Letras. Universidad de La Habana
      "**Las relaciones Intertextuales entre *Memorias del subdesarrollo* y *Memorias del desarrollo*: la representación del desarraigo**". Jorge Luis Lanza. Especialista del Centro Provincial de cine. Cienfuegos
      "Ansiedades habaneras de un cineasta: *De Memorias... a Fresa y chocolate*". Joel del Río. Profesor Facultad de Arte de los Medios de Comunicación Audiovisual. ISA

      11:10 am- 1:30 pm
      "**1968: un año parteaguas también en el cine**". Luciano Castillo. Director Cinemateca de Cuba
      "**Pandemónium '68. Música y cine en el año del mono**". Mario Espinoza. Especialista Cinemateca de Cuba
      "***LBJ* de Santiago Álvarez en el Festival de Leipzig 1968: Estética, activismo, archivos**". Jennifer Hosek. Profesora Queen's University. Canadá
      "**El año después. Dislocación y deconstrucción de la imagen en *79 primaveras* (Santiago Álvarez, 1969) y *Le gai savoir* (Jean-Luc**

Godard, 1969)". Miguel Alfonso Bouhaben: Profesor Escuela Superior Politécnica del Litoral. Ecuador.

"¡La imaginación al poder!: Ensayo y memoria en los documentales del 68*". Pedro R. Noa. Profesor Facultad de Arte de los Medios de Comunicación Audiovisual. ISA

SESIÓN DE LA TARDE:

- **Presentación de nuevos títulos sobre cine publicados por ediciones ICAIC**
  Sala "Terence Piard". Muestra Joven ICAIC (Calle 23 e/10 y 8. El Vedado)
    2:30 pm
    - Carlos Espinosa (Comp.). Con ojos de espectador. *Críticas y ensayos de Eduardo Manet.*
      <u>Presentador:</u> Daniel Céspedes
    - Dailey Fernández: *Confluencia de los sentidos. Diseño sonoro en el cine cubano de ficción*
      <u>Presentador:</u> José Galiño
    - Revista *Siempreviva No. 27/2018,* dedicada a las relaciones entre el cine y la literatura.
      <u>Presentadores:</u> Reynaldo González y José Antonio Baujín

- **Encuentro con los youtubers cubanos en coordinación con la Fundación Lugwig**
  Sala "Terence Piard". Muestra Joven ICAIC (Calle 23 e/10 y 8. El Vedado)
    4:00 pm

SÁBADO 3 DE NOVIEMBRE:

SESIÓN DE LA MAÑANA:

- **Panel: "Institucionalidad, modelos de producción y el futuro del cine cubano"**
  Moderador: Víctor Fowler (Poeta, ensayista, crítico. Licenciado en Pedagogía. Uno de los intelectuales cubanos más premiados y reconocidos en Cuba y el extranjero.)
    Estudios de Animación ICAIC (Calle 25 e/10 y 12. El Vedado)
      10:00 am – 12:30 pm

- **Presentación por Luciano Castillo (Director de la Cinemateca de Cuba), de la encuesta para seleccionar los mejores filmes producidos por el ICAIC en sus sesenta años de historia.**
    Estudios de Animación ICAIC (Calle 25 e/10 y 12. El Vedado)
      12:30 pm

Clausura del 3er. Encuentro de la crítica cinematográfica
      1:00 pm

Conferencia inaugural

El Congreso olvidado, un punto de inflexión en el pensamiento crítico cubano
Rafael Acosta de Arriba

E ntiendo que pueda resultar algo extraño el tema de esta conferencia para inaugurar un evento de crítica de cine, pero confío en que en la misma medida en que avance la charla podremos aproximarnos a concluir que el Congreso Cultural de La Habana, también conocido en su momento como Congreso Mundial de la Cultura, fue un evento culminante en el desarrollo de la primera etapa de la revolución y el clímax de algo que pudo ser y no fue. Tuvo mucho que ver con las derivas y la suerte del pensamiento crítico en los años sesenta del pasado siglo y ya con eso es suficiente para que volvamos los ojos sobre él, cargados de preguntas y buscando respuestas. 1968 fue un punto de viraje no solo en Cuba sino en buena parte de la geopolítica mundial. ¡Qué lejos y a la vez tan cerca nos parece 1968! Al menos para quien les habla.

Desempolvar el congreso ha sido tarea difícil por la poca literatura que se gestó sobre el mismo, acaso dos libros de testimonio escritos por delegados extranjeros (Max Aub y Andrew Salkey), una larga crónica de un investigador participante cubano (Juan Pérez de la Riva), tres compilaciones de ponencias (dos en España y una en Cuba) y menciones sesgadas en algunas memorias de los participantes y en otros libros sobre la Cuba de los sesenta. Y, desde luego, la prensa. Pero su valoración, más que su ubicación en contexto es lo más difícil de todo. Quizá sea un buen recordatorio de que la historia, más que memoria, es la crítica de esa memoria.

Intentaré pues, su exhumación a medio siglo de su realización y entierro. La labor de reconstrucción tiene que comenzar en 1967, justo un año antes del Congreso. Fue en enero de ese año, en una reunión del Comité de Colaboración de la revista *Casa*, que surgió la idea. Entre los días 5 y 8 de ese mes se realizó una reunión de dicho comité, integrado por prestigiosos escritores e intelectuales del continente, al término de la misma se emitió una Declaración que finalizaba así:

> "consideramos que es hoy más necesaria que nunca la unidad de los escritores latinoamericanos de izquierda [...] Y aun pensamos que junto con ellos deberían reunirse los escritores africanos y asiáticos, porque más allá de las diferencias de lengua y de cultura, todos encaramos situaciones semejantes. Por eso concluimos con un llamamiento a los intelectuales de los países subdesarrollados para que concurran a un debate sobre su problemática en esta hora, que es la hora de nuestra América, de todo el Tercer Mundo".[1]

Esta Declaración, en su espíritu, estaba en perfecta consonancia con lo que se había tratado en la Conferencia Tricontinental, de enero del año 1966, para el terreno cultural y su imbricación con las acciones políticas revolucionarias en los tres continentes (África, Asia y América Latina), pero el origen se encuentra, fuera de toda duda, en la iniciativa de los escritores organizados por Casa de las Américas en torno a su revista; inicialmente se concibió como un evento para intelectuales del denominado tercer Mundo, luego cambiaría su naturaleza, como se verá más adelante. Se puede ir dibujando entonces una línea vinculante, entre la propuesta del Comité de Colaboración de la revista Casa, la Conferencia de OLAS que se

---

[1] Revista *Casa*, nro 41, marzo-abril de 1967.

producirá en el verano de 1967, el Salón de Mayo, también por esos días y, sobre todo, con la empresa guerrillera del Che Guevara en Bolivia.

El último día de la reunión de los intelectuales latinoamericanos integrantes del Comité de la revista Casa, fueron convocados por Fidel Castro a una cena y reunión que duró hasta el amanecer del siguiente día, en la que se abordó en profundidad la idea germinal del congreso. Al alba, ya había cambiado el modo de organización y el alcance del evento. En palabras de Roberto Fernández Retamar esto fue lo que sucedió en dicha madrugada:

"En la noche de ese día y la madrugada del siguiente, los integrantes del comité de colaboración de la revista *Casa* y algunos invitados más asistimos, en el Museo de Artes Decorativas de La Habana, a una larga cena con el compañero Fidel donde, entre muchos aspectos, se abordó el proyecto de la reunión, cuya organización debía corresponder, lógicamente, a la Casa de las Américas. Sin embargo, como se sabe, eso no fue lo que ocurrió. La organización del Congreso salió de las manos de la Casa de las Américas y fue asumida por el Ministerio de Educación (no existía todavía el Ministerio de Cultura), a cuyo frente se hallaba el compañero José Llanusa, y cambió de horizonte. Dejó de ser una reunión de intelectuales del Tercer Mundo para abarcar a intelectuales del planeta todo, en particular, según creo recordar, del mundo occidental. Desgraciadamente, el compañero Llanusa falleció hace algún tiempo, por lo que no podemos conocer su testimonio sobre lo que he llamado el cambio de horizonte del Congreso".[2]

---

[2] Carta de RFR al autor como respuesta a un cuestionario sobre el evento (en poder del autor). He tratado infructuosamente de revisar la papelería de José Llanusa Gobel a la hora de redactar este texto. Integraban el Comité de Colaboración de la revista *Casa*: Julio Cortazar, de Argentina; Enmanuel Carballo, de México; René Depestre, de Haití; Manuel Galich, de Guatemala; David Viñas, de Argentina; Jorge Zalamea, de Colombia; Ángel Rama, de Uruguay; Mario Vargas Llosa, de Perú; Roque Dalton, de El Salvador; y los cubanos Roberto Fernández Retamar, Alfredo Guevara, Lisandro Otero, Edmundo Desnoes y Graziella Pogolotti. En dicha reunión inicial se hizo un balance de la situación de la cultura en los países del continente y, en particular, sobre "la nueva ofensiva imperialista, dirigida a mentalizar, comprar y paralizar o aplastar la actividad intelectual" me escribió Fernández Retamar

Es el mismo Llanusa, en su discurso en el Seminario Preparatorio Nacional, efectuado en el otoño de ese año, quien dio otro posible origen del evento cuando lo atribuye la iniciativa de Fidel. Dijo así:

"¿Cómo se originan este Congreso y este Seminario? Por la idea de un grupo de compañeros de reunir a los intelectuales de Cuba y una vieja idea de Fidel Castro de que se reunieran intelectuales de todas partes del mundo para que intercambiaran, discutieran y pusieran al servicio de los países en revolución —y en especial de los países de Asia, África y América Latina— sus exposiciones, su solidaridad y su concurso con el desarrollo de la revolución[3]"

De manera que lo más lógico a considerar es que la idea germinal, después de la iniciativa en Casa de las Américas, debe haber sido una elaboración colectiva, con decisiva participación de Fidel y que, durante todo 1967, mantuvo ocupada a la intelectualidad y a las instituciones culturales cubanas. Un tema de mucha discreción animó la convocatoria del evento. No hay duda, al menos desde la perspectiva actual, que el congreso formó parte (entre algunos de sus propósitos cardinales, no el único, desde luego) de un grupo de acciones en el plano internacional para darle cobertura a las acciones que la guerrilla del Che llevaba a cabo en algún lugar del continente latinoamericano. Una confirmación de esta hipótesis se encuentra en el prólogo que escribió Roque Dalton a un folleto de amplísima circulación en aquellos meses, editado por Casa de las Américas, y que revelaba lo que conversaban los más enterados. Dalton, en su texto, al referirse a Francisco Marroquín, representante de las Fuerzas Armadas Revolucionarias (FAR) guatemaltecas en el Secretariado Permanente de OLAS, dice que Regis Debray escribió su famoso libro *¿Revolución en la Revolución?* pensando no como un especialista francés ocupado de informar sobre asuntos latinoamericanos, sino como parte de lo que se podría llamar "*Operación Che,* inicio proyectado de la

---

[3] Cuaderno en formato de periódico editado por el PCC, resumen del Seminario Nacional, en noviembre de 1968, pag. 3.

creación de los Vietnam latinoamericanos"[4] que propugnaba el combatiente argentino.

Otra muestra de que por esta dirección se movía la organización del evento, o por lo menos lo que se puede colegir de su percepción entre los delegados internacionales, se encuentra en una referencia de Elizabeth Burgos (entonces muy vinculada de manera militante con la revolución), a poco de la reciente muerte de Jorge Semprún, cuando escribió:

"Percibí con nitidez nuestro primer encuentro en La Habana, cuando acudió a las celebraciones del 26 de julio de 1967 y luego al Congreso Cultural, el frente intelectual que debía sumarse a la guerra revolucionaria continental que Ernesto Che Guevara ya había puesto en marcha al frente del primer foco guerrillero en Bolivia"[5].

Para la Burgos, y como se ve, también para Semprún, el Congreso se inscribía en un amplio frente revolucionario con varias formas de operar, una intelectual, para establecer redes de relaciones, eventos, proclamas, documentos, en el que se inscribía el Congreso Cultural; y la otra, la de las acciones guerrilleras, inicio de lo que debería ser una revolución continental, que encabezaría el Che en Bolivia. Kewes S. Karol, otro delegado (vino por la delegación francesa aunque era polaco de origen), pensaba lo mismo y en su libro *Los guerrilleros en el poder*[6], uno de los estudios más documentados que existen sobre los sesenta cubanos, lo plasma claramente. Para muchos de los intelectuales cubanos entrevistados[7] para la

---

[4] Roque Dalton, "Introducción", en *¿Revolución en la Revolución? y la crítica de derecha, Cuadernos Casa*, nro 9, La Habana, 1970. Pag10.

[5] Elizabeth Burgos, *Jorge Semprún, la memoria de Europa·* Paris, 13 mayo 2011, *Cubaencuentro* digital http://es.wikipedia,org/wiki/Jorge Semprún.

[6] Kewes S. Karol, *Los guerrilleros en el poder*, Seix Barral, Barcelona, 1972. Pag 428.

[7] Entrevistas del autor a intelectuales cubanos y extranjeros delegados al Congreso: Graziella Pogolotti, Fernando Martínez Heredia, Roberto Fernández Retamar, Aurelio Alonso, Ambrosio Fornet, Manuel Pérez, Juan Valdés Paz, Jorge Ibarra y por vía electrónica Margaret Randall, E.U, Híber Conteris, Uruguay, y españoles: Federico Álvarez, José Manuel Caballero Bonald, Elena Aub, (no fue delegada pero sí su padre Max Aub), José M Castellet y Alfonso Sastre.

elaboración de este texto fue también una certidumbre dicho propósito. Vale la pena citar a Luisa Campuzano quien escribió muchos años después de realizado el evento: "Con este Congreso, que debía haber servido de apoyo a la lucha del Che, asesinado unos meses antes, culmina el proceso de identificación de vanguardia política y vanguardia literaria y artística..."[8]

Como antesala del Congreso en el ámbito local, entre el 25 de octubre y el 1ro de noviembre de 1967, se realizó el ya mencionado Seminario Preparatorio a nivel nacional el que incluyó, previamente, seminarios en cada provincia del país. El periódico *Granma* y los demás medios radiales, televisivos e impresos brindaron una exhaustiva información acerca de todo el proceso. Mil trescientos veintitrés intelectuales y científicos cubanos participaron de este proceso previo. El Seminario Nacional se desarrolló en el Círculo Social Obrero "Félix Elmuza", al oeste de La Habana. Para muchos jóvenes aspirantes a escritores e investigadores, este proceso previo fue muy importante en sus vidas, les mostró un camino y los ganó para su incorporación a la dinámica cultural del país. Así me lo manifestaron algunos actuales investigadores y escritores durante mi pesquisa, que entonces eran unos jóvenes aspirantes a intelectuales revolucionarios.

La importancia del Seminario Nacional Preparatorio radicó no solo en que el discurso de apertura estuviese a cargo del ministro de Educación o de que el de clausura fuese pronunciado por el presidente de la República, Osvaldo Dorticós Torrado, sino porque era la parte del evento dirigida a la masa de trabajadores de la cultura del país y también por el vasto despliegue publicitario que anticipó la llegada de los intelectuales extranjeros prevista para finales de 1967. La Biblioteca nacional de Cuba elaboró para la ocasión una bibliografía, en dos tomos, de temas generales sobre cultura y pensamiento revolucionario distribuida a los más de mil cubanos participantes en los seminarios. El periódico resumen del Seminario Nacional Preparatorio fue distribuido en decenas de millares de ejemplares para que llegara a cuanto ciudadano se interesara por el mismo. La televisión y los otros

---

[8] Luisa Campusano, Ambrosio Fornet, *La revista Casa de las Américas: un proyecto continental*. CIDC Juan Marinello, La Habana 2011, pag 48.

rotativos del país también se encargaron de acrecentar la divulgación durante todo el trayecto final del año, sobre el magno evento que abriría 1968.

Acerca del ambiente interno reinante en el campo cultural cubano en 1968, escribió años después Lisandro Otero, uno de los intelectuales cubanos que mayor participación tuvo en los debates del Congreso, al ocupar una de las vicepresidencias del Consejo Nacional de Cultura y ser de los organizadores del evento:

"Antes de efectuar el Congreso se realizó un Seminario Preparatorio en uno de los balnearios al oeste de La Habana. Allí se comprobó que las tensiones y pugnas entre los diversos sectores de la cultura se habían incrementado. Hubo fuertes discusiones por el número de invitaciones al seminario: cada organización competía por una participación mayoritaria de los miembros de su tribu. Subyacía una fiera rivalidad por la hegemonía de la cultura: los viejos enfrentamientos no habían cesado, solo se cambió de antagonistas. El Seminario fue un terreno de combate"[9].

Muy revelador resultan también las formas en que los intelectuales cubanos, en todo el período previo al evento, invitaron a los participantes internacionales. En este sentido, es emblemática la carta que Rossana Rossanda (intelectual comunista italiana) le escribió a Alfredo Guevara, fechada el 10 de noviembre de 1967[10], recién concluido el Seminario Nacional, como respuesta a la invitación que le fue cursada por el dirigente cultural cubano (son interesantes también las enviadas por Guevara a Ricardo Muñoz Suay y Antonio Eceiza). Se trata de un buen ejemplo de cómo circuló la comunicación entre los intelectuales cubanos y extranjeros. Desde luego, no creo que todas las respuestas a las cartas de invitación hayan sido de este talante, tan prolijas y profundas, pero al menos nos permite valorar la enorme

---

[9] Lisandro Otero, *Llover sobre mojado, memorias de un intelectual cubano (1957-1997)*, Editorial Planeta, México, DF, 1999. Pag. 101.

[10] Rossana Rossanda, carta a Alfredo Guevara, en *Epistolario. Y si fuera una huella?*, Alfredo Guevara, Ediciones Autor S.R.L. FINCL, La Habana, 2008,   Pp 163-168.

importancia que los organizadores le dieron a que se analizase el temario con tiempo suficiente, y a la vez, propicia seguir las elaboraciones de algunos de los invitados previo a su arribo a la isla. Tanto unos como otros, organizadores e invitados, se tomaron el mayor interés en la calidad del proceso organizativo del Congreso. Un análisis atento a la misiva de Rossanda permite encontrar el abordaje a un tema crucial del momento (y de siempre), la diferencia excluyente, según ella, de las formas de pensar del poder y del intelectual.

También, como parte de las acciones previas a la realización del evento, se invitó por los organizadores a los artistas participantes a la presentación del Salón de Mayo en La Habana, en agosto de 1967. La correspondencia de Alfredo Guevara de aquellos días permite conocer a los invitados: Peter Weiss, Margarite Duras, Michel Leiris, Maurice Nadau, Juan Goytizolo, Kewes S. Karol, Rossana Rossanda, Cesare Baldacinni, Dionys Mascalo, Alain Jouffray, Michel Ragón, Jean Schuster, Jorge Semprún, Wifredo Lam, Eduardo Arroyo, Rebeyralle, Monique Lange, entre otros, hasta un número de setenta y cinco firmantes de una declaración de apoyo a la convocatoria al congreso.

Coincidentemente con el Salón de Mayo se realizó en La Habana la Conferencia de OLAS y allí también se hizo promoción del congreso entre los asistentes. Ya la figura del Che era el centro de todas las actividades en el país y su carta a la OLAS se publicaba con profusión en la prensa y en los carteles y vallas desplegados por la capital y por todo el país. Su incendiario llamado a crear muchos Vietnam era una de las frases que más se repetía a diario en la isla y que aparecía en vallas y carteles en todas las ciudades y pueblos de la isla.

La red de conexiones que los dirigentes y las instituciones culturales cubanos habían tejido durante los nueve años de la revolución en el poder fue acelerada y potenciada con vistas a la realización del congreso. Germán Alburquerque Fuschini[11] abunda en el estudio del activo y denso entramado que Casa de las Américas conformó a lo largo de los años sesenta. Destaca este autor el

---

[11] Gerardo Alburquerque Fuschini, "La red de escritores latinoamericanos en los años sesenta", revista *Universum*, nro 15, 2000, Universidad de Talca, Chile. Pp 337-349.

determinante papel del Comité de Colaboración de la revista *Casa* en el establecimiento de la red de escritores, artistas e intelectuales en general, que se articuló consensualmente alrededor del apoyo a la revolución. No menos importante fue la red de cineastas e intelectuales vinculados con el cine que gestó el ICAIC y Alfredo Guevara personalmente. La relación estaba creada con los escritores, artistas e intelectuales del continente, pero también se movía hacia a la intelectualidad europea y norteamericana, así como a la de los países africanos. Fue realmente una irradiación de millares de mensajes por diversos caminos expeditos y secretos a nivel internacional.

Sobre este frente o alianza con las nuevas izquierdas del momento, es sumamente útil el libro ya comentado, *Cuba y la Nueva Izquierda*, del académico español Kepa Artaraz. Este autor aprecia, como lo hicieron muchos observadores en aquel momento, que con el Congreso Cultural, "con más de quinientos intelectuales de más de setenta países, la isla anunciaba al mundo que era algo más que ese régimen cerrado y dogmático que se le endilgaba a la URSS"[12]. Como apuntó también André Gorz, otro de los delegados y reconocido intelectual de izquierda, por primera vez en la historia un país autoproclamado socialista, en el décimo aniversario de su revolución, era reconocido y aceptado por intelectuales del mundo entero. Un saldo mayor era imposible de esperar para este evento[13]. Sin lugar a dudas, la revolución fue un referente ideológico esencial para la Nueva Izquierda a finales de la década de los sesenta del siglo XX. La simbología puesta en marcha en Cuba en 1959 y potenciada durante los primeros años de esa década se articuló posteriormente y eficazmente con otros centros emisores de signos como la revolución cultural china, la oposición a la guerra de Vietnam, la lucha por los derechos civiles en Estados Unidos y los procesos descolonizadores del norte de África.

En los días finales de 1967, en el momento del arribo a la isla de los delegados al CCH, lo que estaba sobre el tapete en la cotidianidad del país eran, los preparativos

---

[12] Kepa Artaraz., Cuba y la Nueva Izquierda, una relación que marcó los años sesenta. Capital Intelectual, Buenos Aires, 2011 Pag 178.

[13] Andre Gorz, "Castro ouvre un nouveau front" *Le Novel Observateur*, 24-01-1968, Pag 20.

para el evento y las noticias sobre los primeros delegados en arribar; los llamados al ahorro de la electricidad para evitar mayor cantidad de apagones; los éxitos deportivos del país y las noticias del campeonato de béisbol cubano; los derribos de aviones de combate norteamericanos que bombardean las aldeas de Vietnam, pues cada día la prensa enumeraba los aparatos que caían bajo el fuego antiaéreo de los combatientes vietnamitas; las informaciones sobre el plan de desarrollo agrícola de la provincia habanera y de El Cordón de La Habana, uno de los planes económicos prioritarios, así como los detalles de la zafra azucarera en curso, con largas y detalladas noticias sobre los cortes de caña; también consumía mucho espacio en la prensa diaria la marcha de la Brigada Invasora Che Guevara (una brigada motomecanizada que desbrozaba los campos baldíos cortando todo el marabú que encontraba a su paso de oriente a occidente) con vistas a convertir esos terrenos en campos de cultivo.

En 1968 ya se había puesto en marcha la larga cadena de preparativos para lograr, dos años más tarde, lo que sería la gran proeza económica del pueblo: la Zafra de los 10 Millones de Toneladas de Azúcar. De esta macro-zafra dependerían muchos beneficios no solo en el plano de la economía, según se informaba recurrentemente a la población. Otro tema dominante fue el juicio de Régis Debray en el poblado boliviano de Camiri, que comenzaba a ganar el interés de los lectores; Debray, quien contaba con una gran adhesión internacional, había ido a Bolivia a preparar la llegada del Che y, luego de su captura, a la salida de la guerrilla con misiones encomendadas, se portaba desafiante ante los militares bolivianos; los discursos de Fidel Castro en esos primeros días de 1968 se sucedían a un gran ritmo: uno en la apertura de una fábrica de cemento en el poblado habanero de Jaruco; otro, en la inauguración de un pequeño pueblo de 120 casas en el borde exterior de la capital y el habitual del 2 de enero para conmemorar el triunfo revolucionario.

En el discurso del 2 de enero de 1968, en la Plaza de la Revolución, Fidel advirtió a la población de los inminentes recortes de combustible para los autos privados, producto de las reducciones de suministro de petróleo aplicadas por la Unión Soviética para 1968 (obviamente un mecanismo de presión de la gran potencia sobre la economía de la díscola isla); informó también sobre las próximas graduaciones de cientos de ingenieros; subrayó que el balance económico de 1967 dio un desfase entre el aumento de las necesidades de la población y las posibilidades de abastecimiento, desbalance que –anunció- se experimentaría duramente a lo largo de 1968; analizó la guerra de Vietnam como tema dominante y bautizó el año como "Año del Guerrillero Heroico", una decisión esperada y aprobada por aclamación por la enorme concentración que le escuchó en la plaza. Probablemente el signo principal en lo social que marcó aquel período fue la declaración expresa de Fidel Castro, dos años antes (en octubre de 1965), de que Cuba construiría paralela y simultáneamente el socialismo y el comunismo. Tal aspiración, unida a otra no menos significativa, la de gestar al Hombre Nuevo que haría posible esa hazaña, signaban el rumbo político-social de la Cuba de entonces. La "herejía cubana", como se le llamó a la vía nacional por construir un socialismo diferente al existente en el denominado campo socialista europeo y de la URSS, también incluyó la desmesurada quimera de la construcción paralela del socialismo y el comunismo.

En el plano de la política internacional, las relaciones existentes entre la Revolución Cubana y la URSS se encontraban, en enero de 1968, en uno de sus puntos más bajos desde la llegada de Anastas Mikoyán a La Habana en los meses siguientes al triunfo del primero de enero de 1959. Con la excepción del colosal disgusto de octubre de 1962, cuando Nikita Jrushchov decidió poner fin a la Crisis de los Misiles retirando las armas estratégicas sin consultar a la dirección cubana, no se había vuelto a producir un período tan crítico en las relaciones bilaterales. Es decir, Cuba pretendió ser, y se autoproclamó socialista, tan temprano como en abril de 1961, pero no se conducía literalmente según los cánones del socialismo burocratizado de los países del denominado Campo Socialista. Cuba había proclamado la vía tercermundista, apostó por las luchas anticoloniales (las conferencias de la Tricontinental, 1966, y OLAS, 1967, habían tenido fuerte repercusión internacional y legitimaban esos esfuerzos). La revolución intentaba desarrollar un socialismo más humano y ayudaba efectivamente a los movimientos guerrilleros en América

Latina, apoyando decididamente a Vietnam en su guerra de liberación nacional. La famosa coexistencia pacífica no entraba en el campo de acción de la dirección cubana, empeñada en activar las acciones guerrilleras en el continente. Fidel había fustigado en varios discursos centrales la falta de compromiso del PCUS y en general del campo socialista con los movimientos de liberación en el tercer mundo. La no asistencia de la dirección cubana con una delegación de alto nivel a los recién celebrados festejos por el Cincuentenario de la Revolución de Octubre solo ayudó a agravar la crisis.

En el campo cultural las polémicas desarrolladas entre intelectuales y viejos comunistas habían favorecido las opiniones contrarias a la divulgación del marxismo-leninismo a partir de los obsoletos manuales editados en la URSS. El Salón de Mayo en 1967 y el propio Congreso Cultural apuntaban en una dirección de independencia de criterios de la revolución cubana en materia de política cultural, arte, estética y pensamiento político en general que nada agradaba al PCUS y a muchos de los cubanos del viejo partido. En la famosa entrevista de Fidel a Claude Julién, el dirigente cubano afirmó que en Cuba no había preocupaciones con el arte abstracto. Las depuraciones a lo largo de la década de algunos importantes dirigentes del viejo partido tampoco agradaron a Moscú, la segunda de ellas fue unos días después de concluido el CCH.

El liderazgo de Fidel Castro se consolidaba cada vez más y su talla como dirigente del significativo proceso cubano crecía en la medida en que se resguardaban los valores propios del nacionalismo revolucionario cubano. La revolución "verde como sus palmas", su autenticidad e independencia en primer término animaban a todos, dentro y fuera de la isla. Ello a pesar -y además- de la ya fuerte dependencia económica con la URSS. Los estudiosos ponen énfasis en esa legitimidad de socialismo con rasgos particulares y propios. El apoyo multitudinario del pueblo cubano a Fidel y al proceso complementa un paisaje de mucha coherencia para el observador extranjero. Cuba era considerada entonces por algunos analistas como "el meridiano cultural de Hispanoamérica".

El entendimiento con las izquierdas mundiales había entrado en un momento que puede considerarse como un estado de gracia. Desde 1960 importantes intelectuales habían visitado la isla para ver con sus propios ojos lo que sucedía en la Cuba revolucionaria, Jean Paul Sartre el primero, y todos (o casi todos para no ser absolutos) regresaron a sus países prodigando contundentes elogios sobre la realidad cubana. Las denominadas redes de intelectuales germinaban en todas las direcciones y latitudes, y el Congreso Cultural de La Habana se benefició considerablemente de las mismas.

Se trataba, pues, de la aspiración de equidad social, socialismo, antimperialismo y distribución igualitaria de los recursos *versus* sociedad comercial de consumo. Ese era, a grandes rasgos, el panorama cubano: valores nacionalistas, tercermundistas, internacionalistas, el hombre nuevo en pleno proceso de construcción contra el *marketing* tradicional de este u otro producto de las sociedades de consumo capitalistas. El futuro abigarrado y germinal enfrentado al mercantilizado mundo capitalista, devorado por la fiebre consumista.

Una imagen de lo que percibieron algunos delegados extranjeros se puede encontrar en esta afirmación de Margaret Randall: "El clima cultural y político existente en La Habana durante el Congreso me parecía muy bueno: abierto, inclusivo, confiable. Yo iba donde quería, a veces sola y a veces con amigos. Hablaba con todo tipo de gente. No sentí ninguna coerción ni atmósfera represiva. Como muchos habitantes del Oeste traía mis recelos del «comunismo», y tanto mi primera visita como esta segunda me convencieron de que había una libertad total"[14].

El Congreso Cultural de La Habana fue el gran evento internacional realizado en Cuba en 1968, aunque pudiera afirmarse también que fue uno de los más significativos de la década en su conjunto; abrió ese año con enorme resonancia y circulación mediática, pero sus efectos prácticos, repercusiones posteriores y duración efectiva en la vida cultural del país resultaron tan efímeros como los ocho días de su existencia. Ya nos detendremos en ello.

---

[14] Margaret Randall, Entrevista realizada por el autor, 2012.

Al Congreso llegaron cerca de 500 intelectuales de 70 naciones. La representación de los países socialistas sobresalió por su escaso número y por su pobre reconocimiento al balancear sus nombres y talla intelectual con los de la mayoría de los participantes. Las delegaciones española y francesa resaltaban por ser las más nutridas y por contar con figuras de mucho relieve en el mundo intelectual de Occidente. Igual sucedía con algunos intelectuales latinoamericanos presentes. Nombres relevantes del cónclave eran el de Julio Cortázar, Roberto Matta, Antonio Saura, Max Aub, Blas de Otero, Ives Lacoste, Michel Leiris, Edouard Pignon, André Pierre de Mandiargues, Luigi Nono, Giangiacomo Feltrinelli, Francesco Rossi, Aimée Cesaire, David Alfaro Sequeiros, Han Magnus Ensensberger, Roman Karmen, Kewes S. Karol, Alejo Carpentier, José Lezama Lima y Nicolás Guillén, entre otros.

Resultaba obvio que uno de los propósitos del Congreso era la conformación de un frente intelectual, "la nueva vanguardia", que propiciaría una subversión contra las estructuras tradicionales de Occidente y su sustitución por procedimientos revolucionarios. Allí comulgaban medio millar de hombres de letras de disímiles orientaciones: surrealistas, trotskistas, comunistas por la libre, comunistas del bloque burocrático, situacionistas, liberales de izquierda, católicos, guerrilleros, pacifistas, masones, freudianos y fidelistas. Los partidos comunistas de América Latina, escasamente representados, estaban divididos en aquel momento entre pro-soviéticos y pro-chinos., de manera que en la cita habanera coexistió una amalgama de tendencias que no creo se haya vuelto a reunir en ningún otro foro de intelectuales con posterioridad dentro o fuera de Cuba.

El Congreso se estructuró por comisiones, como mismo laboró el Seminario Preparatorio. Las comisiones fueron organizadas según los siguientes temas principales:

Cultura e independencia nacional; Formación integral del hombre; Responsabilidad del intelectual ante los problemas del mundo subdesarrollado; Cultura y medios masivos de comunicación; Problemas en la creación artística y del trabajo científico y técnico

Según el ministro de Educación José Llanusa Gobel, a propuesta de Fidel se invitaron a científicos e investigadores de ramas técnicas, quienes ensanchaban el concepto de intelectual en un rango más amplio y abarcador. La presidencia oficial del evento estuvo integrada por:

José Llanusa Gobel, presidente; Eduardo Muzio, secretario; Haydeé Santamaría; Carlos Rafael Rodríguez; José Ramón Machado Ventura; Regino Boti; Carlos Chaín; Oscar García y los respectivos presidentes de las cinco comisiones (integradas por un trío internacional en cada una).

El Congreso fue inaugurado por Osvaldo Dorticós Torrado y clausurado por Fidel Castro Ruz. No podía concebirse una mayor jerarquización para una reunión de este tipo. Además, en el recibimiento de los delegados estaban, a pie de obra en el aeropuerto internacional José Martí de La Habana, Raúl Roa García, ministro de Relaciones Exteriores y otros ministros, así como Alfredo Guevara, Juan Marinello, José Antonio Portuondo, Julio Le Riverend, Nicolás Guillén y otros intelectuales cubanos de mucho relieve en el ámbito cultural del país. Las máximas autoridades políticas y estatales participaron de los detalles organizativos, en la recepción de los invitados, en la activa participación del trabajo en las comisiones y en los plenarios.

El hotel Habana Libre se convirtió en un espacio abierto, cosmopolita, de francos debates e intercambios, establecimiento de contactos y de relaciones de todo tipo, entre los propios intelectuales y los dirigentes de la revolución. Un verdadero hormiguero babélico en el que laboraba pensaba y discutía una buena porción de lo más aventajado del pensamiento de izquierda mundial del momento.

Sería lamentable, como hasta ahora parece suceder (tal es el olvido de este Congreso por la historiografía cultural cubana y la literatura), que el Congreso Cultural de La Habana de 1968, se recordase solamente por el escandaloso incidente de la patada por el trasero que la poetisa y delegada Joyce Mansour le propinó a David Alfaro Siqueiros en plena Rampa habanera. El incidente, que, por supuesto no cubrió la prensa oficial cubana, sí tuvo una inmediata repercusión internacional y circuló por todas las latitudes. Como quiera que se le analice, se trataba de un escándalo pues los personajes involucrados eran figuras muy públicas. Según la descripción de Lisandro Otero, testigo presencial, los hechos ocurrieron de la siguiente manera, iba a inaugurarse la Galería Moderna (en el inmueble de una antigua funeraria), con una gran exposición de arte contemporáneo, el 9 de enero, a solo dos días de la conclusión del Congreso.

"La noche de la apertura los invitados se agolpaban ante la escalinata esperando que se abrieran las puertas cuando advertí que la poetisa franco-egipcia Joyce Mansour se acercaba a las primeras filas. Conocía a la Manssur puesto que la había invitado personalmente en París por sugerencia de Jean Pierre Faye y el grupo de *Tel-Quel* (…). Me pareció entonces un poco delirante, con desvaríos que bordeaban un surrealismo superado; al lado de ella el pintor Matta parecía un prodigio de razonable ecuanimidad. La Mansour se situó detrás de Siqueiros y tomando impulso le propinó una fuerte patada mientras gritaba: *¡Esto es por Trotski!*, aludiendo al atentado frustrado en el que participara [lideró más bien] el pintor mexicano. Siqueiros se volvió sorprendido pero su estupor duró segundos. Habituado a todo tipo de escándalos y desafueros, de inmediato improvisó un mitin en el que acusó de provocación del imperialismo la agresión que sufría. Entre risas discretas y tímidas escapatorias de quienes no querían verse comprometidos en una vieja pendencia, el incidente se diluyó al comenzar el acto inaugural"[15].

Lo que no mencionó Otero es que la Mansour estaba muy ligada a André Breton, conocido antiestalinista y líder del surrealismo, amigo además de León Trotsky, a quien visitó en México en 1939 y con el que elaboró un famoso Manifiesto sobre las relaciones de la política con la creación artística. Erraba pues el pintor mexicano, el puntapié no provenía del imperialismo yanqui, sino de un acendrado sentimiento antiestalinista y trotskista, que era una de las fuerzas gravitacionales en aquel Congreso. A Otero le faltó mencionar la segunda parte de la exclamación de la Mansour: "¡Esto es de parte de André Bretón!" que, en cambio, sí consignó Max Aub

---

[15] Op cit (9). Pag 102.

en su diario[16]. Sin embargo, lamentable es decirlo, este incidente efímero es casi lo único que ha trascendido en el tiempo de aquel evento.

El periódico *Granma,* órgano oficial del Partido Comunista de Cuba, publicó durante los días del Congreso la sección "Habana Libre POR DENTRO" que incluía anotaciones, curiosidades e interioridades de lo que allí sucedía. Citaré una de ellas, la correspondiente al 6 de enero, que da una imagen muy gráfica de los sucesos:

"Los delegados vietnamitas fueron delirantemente aplaudidos cuando intervinieron en la sesión plenaria./ A doce minutos se ha limitado la lectura de cada ponencia en las sesiones de trabajo. A los delegados se les ha pedido que presenten una síntesis con una extensión mínima de cinco cuartillas./ Alejo Carpentier va a presentar una ponencia. Era algo larga pero ya ha hecho la síntesis. Carpentier va a participar en la Comisión número 5 que trata sobre "Problemas de la creación artística en el trabajo científico técnico"/ En una de las relaciones que periódicamente se entregan a la prensa sobre los delegados que se encuentran en Cuba, aparecieron tres profesiones que han ocasionado comentarios: la de príncipe, la de acompañante y la de encargada de libros./ El Congreso ha servido para que mucha gente se conozca personalmente. Incluso científicos y artistas de un mismo país…/ Varios delegados ofrecieron un sencillo ágape al historiador, dramaturgo y novelista Ciril Robert James, de Trinidad, quien cumplió 67 años de edad, James es uno de los hombres que más profundamente ha estudiado la revolución haitiana. Cuarenta taquígrafos ya afilaron sus lápices y están trabajando a todo tren en el Congreso/ Las sesiones de trabajo serán de 9 a 12 del día y de 3 a 6 de la tarde. Se dice que se caracterizarán por su puntualidad./ La delegación norteamericana del SNCC (Comité Coordinador Estudiantil por la No Violencia) presentará en el Congreso varios documentales sobre Vietnam. Han sido filmados por miembros de esa organización y periodistas norteamericanos que han visitado ese país/ El entusiasmo por la Revolución Cubana es tal entre los delegados, que algunos

---

[16] Max Aub, *Enero en Cuba,*. Biblioteca Max Aub, Segorbe, España, 2002, Pag 100.

se han inspirado y están trabajando: varios artistas ya se han puesto a pintar cuadros, incluso fuera del hotel./ Y la última por hoy: encomiable labor realizan las compañeras que trabajan en información. Localizan a los guías en brevedad y siempre están en disposición de servir a los delegados, observadores y periodistas".[17]

De este sesgo se informaba a la población cada día sobre la marcha del Congreso. El lector ávido por conocer acerca de la reunión se enteraba en la prensa que los delegados habían bautizado a los pasillos del Habana Libre como los "medios masivos de comunicación", del ingente esfuerzo de los oficiales de sala por intentar reducir los tiempos de exposición de los oradores, por lo general excedidos, así como el laboreo de Barral, Einaudi, Valerio Riva y Feltrinelli y otros editores que andaban a la caza de futuros títulos, del nombre de los muy reconocidos intelectuales que honraban con su presencia en los espacios del congreso y miles de detalles más.

 El Noticiero ICAIC Latinoamericano dedicó una emisión (la número 393) al Congreso que tituló *La hora de los hornos*, y cuyo realizador fue Santiago Álvarez. El documental, de poco más de 8 minutos de duración, muestra escenas del discurso inaugural de Osvaldo Dorticós y hace algunos paneos por las diferentes comisiones.

Desde los primeros días de enero de 1968 circulaban libremente por La Habana medio millar de intelectuales, dialogando con sus pares locales, tejiendo relaciones, observando, anotando, llenando sus retinas con la capital de la Cuba revolucionaria, respirando su atmósfera y escuchando los frecuentes discursos de Fidel en los que gradualmente desgranaba los perfiles de la "herejía cubana". Además de los reportes publicados en los periódicos, la televisión, la radio y el Noticiero ICAIC Latinoamericano, las vallas de propaganda y todo el aparato publicitario resaltaban la realización del Congreso Cultural. Un programa de mucha teleaudiencia, "El pueblo pregunta", en horario nocturno, dio una amplia información en las vísperas

---

[17] Periódico *Granma*, Tercera Edición, 6-I-68. Pag 3.

del evento y ofreció facilidades para que los interesados llamaran por teléfono al estudio donde este se realizaba.

Durante los días del Congreso la actividad cultural de la ciudad se dinamizó al máximo. Algunos delegados dictaban conferencias en Casa de las Américas, en la Unión de Escritores y Artistas de Cuba (UNEAC) y en el Museo Nacional de Bellas Artes. Hubo una oferta variada de películas en los cines, igual que en la programación de las salas de teatro, conciertos de la Orquesta Sinfónica Nacional y otras agrupaciones musicales, programas especiales de televisión, exposiciones como "El libro en Cuba" en Casa de las Américas y la de la Galería de Arte Contemporáneo ya mencionada. Fundamental en aquel entorno fue la exposición de artes visuales *Tercer Mundo*, en el Pabellón Cuba, que suscitó los más diversos elogios de los visitantes, quienes la catalogaron de moderna y vanguardista. Los principales dirigentes del país vinculados al área cultural presidieron estas actividades. Todo fue ebullición, arte y cultura en La Habana, del 4 al 12 de enero de 1968.

En el plano de libros que hablaran sobre las experiencias del congreso es necesario citar en primer lugar a *Enero en Cuba*, de Max Aub, pues este dramaturgo, poeta y ensayista español, miembro destacado de la llamada Generación del 27, en España, redactó un volumen con el diario que llevó del evento cubano. Es un libro casi desconocido en el país, no existe otro testimonio mejor para seguir día a día, al inicio de 1968, los avatares del CCH. Quizá la excepción sea *Havana Journal,* de Andrew Salkey, también de mucho interés testimonial. Otros libros, como los ya citados de Otero y Karol y algunos pocos más, tocan de pasada el evento.

La preeminencia de la imagen y la muerte heroica del Che Guevara signó el Congreso. Un gran radicalismo nimbaba sobre las sesiones del evento. Para aquellos intelectuales y artistas el humanismo de un hombre que se movía con comodidad entre las figuras del guerrillero y el intelectual, entre el hombre de acción y el de ideas, era muy determinante en cuanto a la disposición al debate de los temarios propuestos por los organizadores. El Hombre Nuevo del Che entroncaba fluidamente con las ideas del joven Carlos Marx y con las más puras y altruistas aspiraciones de entonces. La lucha guerrillera, la acción revolucionaria consecuente eran, en labios del guerrillero argentino, las fases depuradoras superiores para llegar a encarnar en un hombre integral, su condición mayor, y tal enunciado sintonizaba perfectamente con muchas de las ideas de los escritores y pensadores de fuerte aliento tercermundista, descolonizador y antiimperialista, que se concentraron en La Habana a inicios de enero de 1968.

Con el Congreso Cultural Cuba se convirtió en el epicentro de los debates de ideas más avanzadas de su momento, acerca de liberación nacional, los proyectos para alcanzar un mundo mejor y las aspiraciones para el adecentamiento humano en el sur del planeta. En La Habana se estaban moviendo auténticas ideas socialistas al margen del polo soviético y ello planteaba una nueva razón para el desencuentro entre los dos países. El símbolo revolucionario, internacionalista y anticolonialista cubano se articuló con otras causas globales como la liberación sexual, la igualdad de género, el antirracismo y el pacifismo. De manera que Cuba constituía, iniciado 1968, un gran foco de imantación para las izquierdas europeas y norteamericanas; un país autoproclamado socialista, pero que en su accionar diario no tenía muchas similitudes con el acartonamiento, la ortodoxia y la grisura del bloque soviético. El haber pendulado entre las políticas polares de China y la URSS en los años previos también le confirió a la política exterior cubana un matiz de autonomía que echaba más leña al fuego de la fascinación intelectual de la izquierda mundial. Era difícil imaginar un mejor momento para celebrar el Congreso Cultural de La Habana, a pesar de que la muerte del Che había dejado sin efecto uno de los móviles fundamentales de su organización.

A La Habana, en los días del Congreso, llegaron intelectuales muy incómodos -y mal vistos- por los partidos del bloque soviético que, unidos a los escritores latinoamericanos, más cercanos a Cuba y a las problemáticas continentales, creaban una curiosa combinación aleatoria en la que la política cultural y exterior de la URSS no tenía nada que ver, no sintonizaba. Cuba marcó las pautas del debate en el Congreso a partir de los asuntos que más interesaban a los recién llegados y estos fueron aceptados gustosamente por todos. No se planteaban, en esencia, discusiones académicas, sino fórmulas objetivas, viables, para ayudar a los procesos de liberación nacional y a contribuir a la salida del subdesarrollo de los países del llamado Tercer Mundo. Apoyar a la revolución, donde quiera que esto pudiese ser, era la esencia del llamado de La Habana a toda aquella intelectualidad. En este sentido, Cuba le robaba el protagonismo al campo socialista en cuanto a ser la bujía de las acciones revolucionarias en el mundo (aunque sabemos que desde Stalin y su política del "socialismo en un solo país" tal práctica se había detenido en la dinámica revolucionaria internacional). Un pequeño país socialista se abrogaba los derechos de tomar la vanguardia política en una esfera privativa, hasta ese instante, del gran campo socialista.

Los intelectuales invitados aceptaron inmediatamente la convocatoria; y la palabra Revolución, la imagen del Che Guevara como ejemplo incendiario, el apoyo a Vietnam en su lucha contra el gobierno de los Estados Unidos, y las proyecciones futuristas del Tercer Mundo, fueron expresiones escuchadas día tras día en el Congreso Cultural. Desde luego que poco o nada aportaron a este clima los representantes de los países del bloque socialista. A lo sumo, adoptaron una clara corrección y se mantuvieron navegando a favor de la corriente del Congreso, sin provocar debates de importancia. La lectura de las ponencias del evento, tarea fácil de realizar hoy día, en las cinco comisiones creadas, confirma lo que acabo de decir. Un espectador escribió: "Un rector de la universidad de Varsovia, o un cineasta ruso, o un profesor de Alemania del Este, todos ellos con su carnet del partido, parecían aún más extraños en ese Congreso que si se hubiesen encontrado en el seno de un consejo ecuménico"[18].

Como expresaron varios de los intelectuales cubanos entrevistados para este texto, no solo el Congreso, sino la década completa ha sufrido un proceso de olvido y marginación de las historias oficiales. Edmundo Desnoes señaló acertadamente que no aparece ningún documento oficial del mismo, ni siquiera "El Llamamiento de La Habana", en las compilaciones de documentos que sobre política cultural se han elaborado periódicamente en Cuba. Lo dijo en los ochenta y la situación no ha

---

[18] Op cit (6) pag 436.

cambiado tres décadas después. Es fácil comprobarlo. Únicamente el escritor Eliades Acosta en su libro *De Valencia a Bagdad* recogió en dos páginas (de casi trescientas) la mención al Congreso, sin exaltarlo, y cita algunos de los párrafos del discurso de clausura de Fidel Castro. Quizá el único resumen publicado fuera de Cuba acerca del Congreso fue el que recogió *Cuadernos de Ruedo Ibérico* en su número 16, edición de 1968. En el mismo, Jorge Semprún y José Martínez hacen un breve análisis, a guisa de editorial[19], de los rasgos que, a su juicio, hicieron único al evento cubano.

El discurso de Fidel Castro en la clausura del Congreso fue la apoteosis de lo que se vivió por casi una semana. El dirigente cubano comenzó por analizar la situación de Vietnam y el papel de dinamizador que la lucha de los vietnamitas estaba jugando en las conciencias de los hombres y mujeres de todo el mundo. A continuación, siguió examinando el grado de penetración norteamericana en Europa y el peligro que ello representaba para la humanidad toda. El imperialismo yanqui era el enemigo universal y era necesario concienciar dicha certidumbre. Acto seguido comenzó a reconocer y mejor aún, a alabar el papel jugado por los intelectuales ante ciertos hechos y crímenes del imperialismo, en detrimento de organizaciones políticas de las que se esperaba una mayor combatividad. Concluyó con esta formulación más precisa de la idea: "!En ocasiones hemos visto supuestas vanguardias en lo más profundo de la retaguardia en la lucha contra el imperialismo!"[20]. Relacionó esa reflexión con la muerte del Che Guevara, al que de paso calificó, como ya lo había hecho el 18 de octubre de 1967 en el acto de homenaje póstumo al guerrillero argentino, como el revolucionario más puro, más consecuente y más íntegro, el verdadero ejemplo de lo que es un revolucionario. Entonces Fidel extrapoló el halago a los intelectuales al decir que fueron ellos los que mejor levantaron las banderas de su ejemplo en el mundo. Fidel otorgó a los intelectuales la condición de ser los nuevos receptores del legado guevariano, los que efectiva y conscientemente habían recogido las banderas del Che después de

---

[19] *Cuaderno de Ruedo Ibérico*, nro 16, dic-en 1968, Editora Ruedo Ibérico, París, 1968, Pp 11-12.
[20] Periódico *Granma,* tercera edición, 13 de enero de 1968. Pag 2-3.

su caída, y los calificó como los mejores adeptos de sus ideas, con lo que elevaba a un grado nunca visto antes –según Fidel- el papel revolucionario que podían jugar, y de hecho estaban jugando, las fuerzas intelectuales del mundo No los partidos, sino los intelectuales y artistas. Esto hizo que se le prodigara un entusiasta y total aplauso, de muchos minutos, por el plenario. En esencia, Fidel hizo la apuesta más grande, realizada durante los primeros diez años de la revolución, por enaltecer y darle importancia al papel de los intelectuales (*trabajadores intelectuales* fue el término empleado) en ese minuto político mundial.

Atacó con dureza al bloque soviético, sin mencionarlo explícitamente, pero era muy difícil no advertir las referencias cuando dijo que el marxismo tenía que salir de cierto anquilosamiento y desarrollarse, que debía comportarse como una fuerza revolucionaria y no como una iglesia seudorrevolucionaria. El duro criterio "!No hay nada más antimarxista que el dogma y el pensamiento petrificado!"[21], era una sentencia demasiado clara. Entonces dio un paso de orden práctico muy audaz al invitar a los militantes e intelectuales de los partidos comunistas aún recuperables para rebelarse contra los dirigentes apáticos e inmovilistas y les prometió su ayuda. Parecía una apuesta por una nueva generación de revolucionarios "guevaristas" que deberían beber en el ejemplo de los vietnamitas. Hasta ese punto jamás había llegado Fidel, al menos públicamente, en sus enfoques críticos acerca de la pasividad del bloque socialista y de su centro, la URSS, con relación a la situación revolucionaria internacional.

Las puyas y los ataques al marxismo dogmático fueron tan enfáticos y agresivos que se preguntó si merecía la excomunión por su atrevimiento: "Esperamos, desde luego, que por afirmar estas cosas no se nos aplique el procedimiento de la *Excomunión* y, desde luego, tampoco el de la *Santa Inquisición*; pero ciertamente debemos meditar, debemos actuar con un sentido más dialéctico, es decir, con un sentido más revolucionario"[22]. Se colocaba así, voluntariamente, en zona de herejía total, desafiante y fuera de toda mesura política según el canon ortodoxo. Todas las

---

[21] Ibidem.
[22] Ibidem.

referencias a la URSS y a la ortodoxia socialista implícita, planteadas esa noche por el líder cubano, estaban hechas con muy pocas intenciones de ocultación o de un mínimo sentido metafórico, fueron claras, diáfanas, identificables, abiertas a la más elemental comprensión. Una rebelión transparente, frontal, sin ambages, proclamaba Fidel, a la que convidaba a participar a los escritores y artistas allí presentes.

Kewes S. Karol recuerda en su libro (demonizado más tarde por la oficialidad del país) que el discurso de Fidel de esa noche causó el efecto de una bomba. Y dijo algo más: "Los intelectuales se iban de La Habana convencidos de haber sido testigos de un acontecimiento en la historia del movimiento comunista, de un cambio que les daba por fin acceso a un terreno largamente deseado para que pudieran aportar su contribución al auténtico cambio del mundo"[23]. La valoración final de Max Aub, a su vez, fue concluyente y coincidente con la de Karol: "Nunca fueron los intelectuales sujetos a tanto homenaje por parte de un político. De este marxista-leninista que descubre que somos, de hecho, la vanguardia de la vanguardia"[24]. Está muy en lo cierto Aub en que los halagos y el reconocimiento hechos por Fidel en el discurso, eran únicos e insólitos en la relación entre políticos e intelectuales.

Epílogo.

Lamentablemente, el rasgo que definió el tiempo posterior al Congreso, después de apagados los últimos aplausos que acogieron con frenético entusiasmo el encrespado discurso de clausura de Fidel Castro, fue el silencio. A diferencia de la Tricontinental que dejó a la OSPAAAL como instrumento continuador de las políticas trazadas y los acuerdos tomados, y de OLAS, que tuvo una Secretaría Permanente para los mismos fines, en el caso del Congreso Cultural, a pesar de que fue propuesto en la comisión 3, por el delegado español Alfonso Sastre, no hubo tal disposición de continuidad por la dirección cubana. Al partir, junto con sus recuerdos

---

[23] Op. Cit (6). Pag 440.
[24] Op cit (16). Pag 111.

y emociones de aquellos días, los delegados se llevaron lo único que nadie podía quitarles, las felices memorias de los días transcurridos.

No hubo ninguna acción de continuidad, ni una sola. Correspondencias cruzadas, relaciones que morirían a poco, distensión de los entusiasmos, difuminación de los recuerdos y las imágenes escapando en *fade,* todo el rigor de los preparativos, el alcance nacional de los seminarios preparatorios, el enorme impacto diario en la prensa, todo, yéndose como el agua en cesta de mimbre. Vale la pena citar las opiniones de varios intelectuales cubanos, algunas aportadas en las entrevistas que realicé para esta investigación, que dan la medida de lo que acabo de expresar.

Graziella Pogolotti: "Debió ser importante pero se quedó en el aire"[25]. Juan Valdés Paz: "No solamente el congreso, la década en su conjunto ha sido olvidada"[26]. Fernando Martínez Heredia: "Ha sido intencionalmente olvidado, eliminado de la historia cultural de Cuba"[27]; Lisandro Otero: "El congreso cultural de La Habana murió a los siete meses de nacido"[28]. Pero nadie fue más rotundo que Edmundo Desnoes, quien escribió en 1981, lo siguiente: "Fue la culminación de la propuesta política cubana a través de la cultura (El Congreso Cultural de La Habana nunca existió, ni su declaración final firmada por más de 500 intelectuales...)[29]". Sobran los comentarios

El Congreso no fue objeto de atención posterior. Se puede decir entonces, con toda certeza y sin temor a equivocaciones o exageraciones, que el evento ha permanecido en el más denso olvido en la historiografía y la literatura cubanas de entonces a la fecha. Tampoco aparece su declaración final, ni ningún otro documento sobre la papelería que produjo, en las compilaciones sobre política cultural editadas periódicamente en el país; el discurso de clausura de Fidel tampoco es recogido en las diferentes selecciones sobre sus principales piezas oratorias.

---

[25] Entrevista realizada en noviembre de 2011.

[26] Entrevista realizada en noviembre de 2011.

[27] Entrevista realizada en noviembre de 2011.

[28] Lisandro Otero, Op cit (46). Pag 102.

[29] Edmundo Desnoes, *Los dispositivos en la flor. Cuba: literatura desde la Revolución*, Ediciones del Norte, USA, 1981. pp 535-536.

Cuba se convirtió con el Congreso Cultural, por poco tiempo, en el epicentro de los debates de las ideas más avanzadas de su momento en cuanto a liberación nacional, proyecciones para alcanzar un mundo mejor y la concreción de aspiraciones por el mejoramiento humano, al menos en el espíritu de las ideas. El CCH consistió en el más grande esfuerzo de la dirección revolucionaria por establecer un expedito y sólido puente con la intelectualidad progresista y de izquierda de Occidente, una tentativa por darle al proceso político cubano tintes propios, universales, auténticos, fuera de la influencia del bloque soviético. El Congreso fue un instante muy significativo, espléndido, sustancioso en los debates de ideas, pero al final quedó solo como un destello en aquel *maremágnum* de acontecimientos del año 68.

Si el Congreso de Escritores de Valencia, en 1937, fue la acción intelectual por excelencia para defender y apoyar mediáticamente a la República Española del ataque fascista, el Congreso Cultural de la Habana en 1968, fue la acción similar que daría cobertura al frente guerrillero y de liberación nacional que había abierto Cuba en América del Sur. Sus fines eran pues virtualmente los mismos; del evento español quedó una buena literatura y documentación archivada, mientras que el cubano quedó relegado al olvido, en probables gavetas, en brumosos recuerdos. Coyunturas internacionales que se produjeron a pocas semanas de concluido el evento crearon las condiciones para que ocurriera la difuminación total del mismo.

1968 se despedía mientras que en su decurso se modificaba el mapa del orbe. Fue el punto más elevado de una década que latió como un poderoso músculo del siglo XX. La pregunta de por qué el CCH y lo que él representó terminó de esa manera infeliz reclama nuevas investigaciones. Por lo pronto suponemos que entre enero y agosto de 1968 la dirección de la revolución debió debatirse intensamente en cuanto a qué rumbo seguir en materia de política internacional. El apoyo crítico, pero apoyo al fin, de Fidel Castro a la invasión soviética a Checoslovaquia, los silencios gubernamentales ante el convulso mayo francés y la matanza de Tlatelolco en México aportan nuevas consideraciones y signos a estudiar. Y lo que es evidente, entre 1968 y 1971 la política cultural del país entro en franco retroceso. Un retroceso que tuvo en el denominado "caso Padilla", es decir, el encierro del poeta Heberto Padilla, su punto más grave y mediático. El próximo congreso de importancia realizado en el país, el Congreso de Educación y Cultura, de 1971, coincidente con dicho caso, fue un evento en las antípodas del CCH.

Quizá se aprecie ahora mejor el porqué de la solicitud de Pedro Noa a que comenzara este evento con un análisis del CCH. Como diría un "clásico" de estos tiempos, saque cada uno de ustedes sus propias conclusiones.

La Habana, a octubre de 2018

PONENCIAS

El baile de los monstruos en el cine cubano

Antonio Enrique González Rojas

El hecho de que en los mismos albores de la Revolución cubana se pospusiera el estreno de una película como *Cuba baila* (Julio García Espinosa, 1960) a favor de promover *Historias de la Revolución* (Tomás Gutiérrez Alea, 1960) como el primer largometraje de ficción producido después del derrocamiento de Fulgencio Batista —a pesar de que el primero estuvo a punto antes— propone un llamativo proemio para la posterior censura del documental *P.M.* (Sabá Cabrera Infante y Orlando Jiménez Leal, 1961) poco tiempo después.

Nótese que en la cinta de García Espinosa, y en esta prístina obra "maldita", tienen una considerable preeminencia los bailes populares, consecuentemente animados por sonoridades populares; amén de lo muy diferente de sus respectivas líneas discursivas.

Desde su propio título, *Cuba baila* proponía un solaz jolgorioso que simbolizaba de alguna manera la alegría sobrevenida con el fin de la dictadura batistiana, a la vez que aprovechaba para satirizar el pasado inmediato desde una ligereza costumbrista, deviniendo quizás el precursor más temprano del posterior programa televisivo *San Nicolás del Peladero*, y muchos más de la obra teatral *Contigo pan y cebolla*, de Héctor Quintero, dadas las evidentes coincidencias argumentales.

A tenor de la confesa y evidente influencia del neorrealismo italiano en la generación fundadora del ICAIC, *P.M.* buscaba sincronizar la fílmica nacional con otras corrientes estilísticas como el Free Cinema británico, el Cinéma Vérité francés y el Direct Cinema estadounidense, un tanto concomitantes con la línea social italiana, y sobre todo de una contemporaneidad más inmediata. Para esto, sus realizadores decidieron hacer un ejercicio de estilo divergente del cariz didáctico y propagandístico, a la vez que formalista y rígido, que iba tomando la documentalística cubana del momento. Y terminaron en el contexto popular aderezado por música de tumbadoras y trompetas nocturnales en bares habaneros, para obtener la consabida *imago Cuba* que terminó resultando demasiado "profunda", demasiado "popular", demasiado orgánica para un poder que comenzaba a fraguar lo pedestales de un simbolismo épico, libelista, paradigmático, en detrimento de la representación y problematización de otras zonas socioculturales.

Esto llevó a la sobrevaloración de la obra en cuestión, y su censura abierta bajo argumentos y términos ya confesamente representacionales, en tanto las imágenes registradas por Jiménez Leal y Cabrera Infante afectaban la épica pulcritud con que la Revolución empezaba a autorrepresentarse.

La colisión entre arte y política cubanos puede rastrearse en el referido estreno prioritario de la ópera prima de Titón: épica, alegórica, libelista, esforzada —aunque superior a muchas películas que le sucedieron—, por encima de la gozona ópera prima de García Espinosa.

De sinónimo de la alegría, el baile popular pasó a ser símbolo de la alienación social.

El mensaje estaba claro: Cuba no bailaría, sino era al ritmo del sacrificio, que en posteriores palabras de Fidel Castro, era lo único que la Revolución tendría para ofrecer al pueblo. La caída de Batista no se celebraría con bailables populares, sino con la sangre, el sudor y las lágrimas del holocausto voluntario a la construcción del paradigma social primero verde y luego rojo, e irremisiblemente zurdo.

Con este primordial conflicto, el baile popular, o más bien, el "bailable popular" como ritual social de distención inofensivamente hedonista y disfrute del ocio, terminó estigmatizado en los sistemas de representación audiovisual cubanos hasta el presente. De sinónimo de la alegría pasó a ser símbolo de la alienación social, espacio y plataforma para la catarsis colectiva, a la vez que esfera de extrañamiento, monstruosidad, y aquelarre grotesco. A pesar de que, contradictoriamente, los valores nacionales estaban inmersos en un proceso de relegitimación y revalorización, como contrapropuesta a las influencias externas (luego pasarían a ser anatemizadas como "extranjerizantes" y "diversionistas"), sobre todo de los Estados Unidos y por extensión el Occidente anglófono, pues hasta los músicos británicos pagaron por los pecadores —¿quizás como tardía retaliación por la invasión del siglo XVIII a La Habana?

A la par de las sonoridades del mozambique de Pello el Afrocán, del pilón de Pacho Alonso, y la conga de los hermanos Bravo, validados por los circuitos de promoción oficiales, el grotesco baile de los beodos de *P.M.* adquirió significaciones oscuras. Cual justicia poética, una nada despreciable zona del audiovisual cubano ha cobrado cuentas, una y otra vez, por la excesiva condena. El cañón que según el aforismo popular fue disparado contra la bijirita ha terminado quemando las manos de sus artilleros originales (que son casi los mismos hasta ahora).

Y esto no demoró muchos años, pues ya en 1965 y 1966, otro cineasta que poco después ocuparía el trono de los "malditos": Nicolás Guillén Landrián, filmó los respectivos documentales *Los del baile* y *Reportaje*. En el primero, se registran festejos populares urbanos al inicial ritmo del mozambique, y el segundo tiene como clímax un baile campesino conclusivo a un mitin político, lleno de autoridades fuera de campo, donde se celebró confusamente la "muerte de la ignorancia".

En estas dos obras pudiera localizarse la significación consciente que haría este cineasta del bailable popular como momento y espacio ideales para desarrollar la tesis de la extrañeza de amplias (¿masivas?) zonas de la población cubana respecto al curso oficial de las "transformaciones" socioculturales y económicas. Extrañeza dada, en primer lugar, por el desconocimiento de los gestores del poder, de la autonomía cultural de estos vastos sectores, que sin desagradecer la evangelización ideológica que se les aplicaba, anclada en estrategias didactistas (preferible a "educativas", término que trasciende las limitadas bondades de la nada menospreciable alfabetización) y económicas, no dejaban por ¿opción o fatalismo? de recorrer sus sendas heredadas, tradicionales; a tiempos y a ritmos divergentes con el meteoro revolucionario que les exigía la adaptación a unos modelos de desarrollo y felicidad planificados a cientos de kilómetros de distancia.

Tal tragedia de la alienación, una y otra vez propuesta por Guillén Landrián en su obra documental, se ve graficada por la eliminación de la sonoridad ambiental de la última secuencia de bailes, a favor de una banda sonora extradiegética poco menos que lúgubre. Lo suficientemente oscura para resemantizar a fondo la alegría sibarita de los bailadores de mozambique como una pantomima gótica, una mueca corporal. Baile de marionetas poseídas por una inercia feral e ineluctable.

P.M. regresa en las parejas tambaleantes y los rostros eufóricos de *Los del baile*, donde la ingenuidad observacional del precedente es sustituida por la deconstrucción de estas aristas sociales, marginadas y desterradas de los sistemas representacionales fomentados por el statu quo, donde el optimismo y la devoción política primaban. Claro, Landrián pertenecía a la institución cine, y sabido de sobra es el precio que finalmente pagó.

La música termina de cubrir la danza con un manto de tragedia.

El recurso expresivo referido se reitera con mayor sofisticación fílmica en *Reportaje*, donde la cámara dialoga mucho más directamente con los rostros extraños de los campesinos danzantes y desafiantes hasta el contoneo erótico de la icónica joven de sombrero e ignoto rostro, suerte de versión fílmica de la *Gitana tropical*. Son miradas tórridas, clamadoras, engarzadas en rostros provocadores. Pura antítesis diegética de lo presupuesto para una festividad como la registrada. Como operación abiertamente ensayística del autor, el ralentí reconfigura el baile, convirtiendo a los protagonistas en autómatas y posesos. Una vez más, los primeros planos y grandes primeros planos, casi plano-detalles, enfatizan en la individualidad que peligra en el maremágnum movilizatorio y cuantitativo. La música que solapa el tintineante lateo del contexto, termina de cubrir la danza con un manto de tragedia.

Amén de que perceptivas limitadas puedan condenar a Nicolás Guillén Landrián por la que es su mayor virtud: la apropiación sincera de retazos de una realidad y su dinamización en un discurso íntimamente comprometido con la consecuencia personal, *Reportaje* es una puesta en escena del autor que delata una previa puesta en escena diegética. Toda la movilización campesina que se "reporta" es también un montaje que fuerza la realidad natural dentro de una moldura prestablecida de combatividad, militancia y compromiso. La quema al inicio del muñeco bautizado como "Don Ignorancia". La reunión ante unos funcionarios o líderes institucionales mencionados de trasfondo, casi ininteligiblemente, por una voz que conduce aplausos y homenajes. Los frugales estimulantes gastronómicos que todos devoran con fruición, y que dialogan con planos semejantes de *P.M.* Y luego el baile como colofón de un acto "fructífero". Landrián termina complementando con su lienzo audiovisual los expresionistas *Campesinos felices* de Carlos Enríquez.

Ahora, el director de *Coffea Arabiga* (1968) mira el bailable popular desde cierta postura conmiserativa —¿qué artista o intelectual no percibe alguna vez a sus congéneres así? Quien tire la piedra es un hipócrita—, o más bien compasiva, siempre reivindicadora no de una clase, sino de la vida en toda su simple complejidad. Pero al final, la bondad transversaliza toda su obra. Sin embargo, *Memorias del subdesarrollo* (Tomás Gutiérrez Alea, 1968) viene a convertir este ritual, esta dinámica sociocultural, en un verdadero vórtice del terror y de la insania irreversible, del fracaso total de la fe en el mejoramiento humano y la utilidad de la virtud.

La también icónica escena-prólogo de este clásico cubano, está dotada de tal autonomía que la convierten en un minicortometraje feroz. Al ritmo de la cantilena "¿Dónde está Teresa?" sucede un homicidio violento que no detiene el jolgorio general. Más bien los disparos criminales se suman a las notas como parte del furor musical. La violencia y sus peores consecuencias son parte naturalizada de esta multitud enérgica y viril que baila y no llora, toma y no llora, aterrorizando a la injusticia y hasta a la misma justicia, más que cualquier sollozo.

Una mirada "guillén-landrianiana" saja de un zarpazo la salvaje batahola llena de sonido y furia: una mujer (¿Teresa?) clava su mirada bestial, desafiante, terrible, en un público previamente acorralado por tal desborde. Esta secuencia, más que proemio de la película completa, es introductoria del vagabundeo de Sergio entre las tropas de adolescentes, alistadas en medio de una noche cavernosa en espera de una invasión estadounidense durante los días de la Crisis de Octubre: segundo y climático gran momento expresionista de la cinta, momento de vorágine, horror, desmesura, megalomanía, paroxismo beligerante colectivo, donde el protagonista termina espantado de tanta lucidez crítica.

Volviendo al baile y la búsqueda retórica de Teresa, tenemos que Titón urde una alegoría de las complejidades subyacentes bajo el fresco *kitsch* de la nación liberada del analfabetismo y los "rezagos del capitalismo", como los cuadros de la pintora de *La insoportable levedad del ser*, donde una esquina de un paisaje perfecto se levantaba para mostrar suciedades, oscuridades y todo tipo de máculas. La película no solo parece revelar las escoriaciones bajo la triunfante sonrisa oficial, sino que alerta sobre las presiones acumuladas, sobre los demonios que van acurrucándose en la representación del país.

Estas presiones puede que no terminen derrocando al statu quo de manera violenta (como no lo han hecho hasta ahora, ni lo harán), pero sí carcomen las entrañas de la nación. La fiesta deviene, una vez más, pretexto para la catarsis irracional, para que la nación alivie tales presiones obliteradas a modo de géiser. A las mascaradas marciales y disciplinadas de los desfiles oficiales se responde con la expansión bestial de otra homogeneidad, pero caótica, con una desatada fiesta de los instintos más básicos.

La historia opera de maneras misteriosas.

Ubicado en un reluctante observatorio, el punto de vista del autorrelegado y anacrónico protagonista de *Memorias…*, resulta muy cómodo para garrapatear un boceto tan brutal de un momento tan inevitablemente violento como los primeros años de una revolución. Que yo sepa, nadie preguntó nunca a Titón si este proemio tributaba de alguna manera consciente a *P.M.* o las también previas obras de Guillén Landrián. Sin duda, conocía todo esto. Él tampoco dijo nada. Pero la historia opera de maneras misteriosas.

Pocos años después, la censurada y postergada *Un día de noviembre* (Humberto Solás, 1972) apela a un recurso parecido en sus escenas finales que, además de insinuar una suerte de intento por diluir desde el optimismo las significaciones oscuras de los bailables populares, provoca lecturas inquietantemente raciales y racistas. Esteban concluye su periplo-repaso-despedida por las personas y sucesos protagónicos de su vida amenazada por una enfermedad terminal, con la visita a un festejo estudiantil en recompensa por la destacada labor de los danzantes en la escuela al campo, como se explicita un poco ingenuamente en la voz de un "maestro de ceremonias".

El personaje observa la algazara que se contorsiona despreocupada, alegre, mientras el montaje urde sucesivas analepsis que retrotraen a la juventud de Esteban, erizada de protestas estudiantiles antibatistianas fuertemente reprimidas, como evidencian las imágenes documentales empleadas y harto conocidas por los cubanos de tanto reiterarlas la televisión nacional. Una lectura superficial habla del combatiente valeroso, cuyo sacrificio es premiado con la felicidad de la siguiente generación. Pero el montaje, también urdido por el mismo Nelson Rodríguez de *Memorias…*, va llevando, corte a corte, a establecer relaciones más sutiles, más incordiantes, entre el revuelto jolgorio del presente diegético y las pasadas turbamultas, hasta que ambas se entremezclan en un amasijo de sentidos, contrasentidos y sinsentidos.

Esteban sonríe satisfecho desde su altura, físicamente superior al resto de los danzantes, y por ende moralmente superior. Pero el héroe moribundo se pasea entre un grupo eminentemente blanco, estimulado por una música de clara sonoridad foránea. No estamos ante las masas estrambóticas de preeminencia negra de *P.M.*, *Los del baile* y *Memorias…* La representación de la fiesta "blanca" adquiere un cariz más calmo, aunque quizás más frívolo y epidérmico, cual retorno de un clasismo nunca extirpado de la médula nacional.

A tenor con toda la cinta, tenemos que Esteban está muriendo. Recién concientiza su agonía, y el argumento va de esto. Son los grises setenta. Es hora de que su generación, artífice del derrocamiento batistiano, protagonista de la guerra civil del Escambray, de la Crisis de Octubre, de la Campaña de Alfabetización y otros procesos, ceda el merecido protagonismo a favor de la hornada de jóvenes que se dispone a relevarla por ley natural e histórica (y no hay nada más natural que la dialéctica histórica). Esteban está dispuesto a la abdicación, y busca entre los bailarines jovenzuelos sus posibles herederos. Las analepsis ayudan a exponer los sucesos que dan sentido a su existencia, que signan su generación, mientras la vida de los muchachos aún permanece en la ebullición hormonal liberada en el baile. Esteban se sumerge en una sopa primigenia donde se condensará la correspondiente identidad generacional de los sucesores. Pero a él ya le toca ceder espacio, compulsado a reposar el sueño de los justos.

Entretanto, en épocas paralelas y cercanas a las cintas referidas, el ICAIC intentó recuperar el cine musical danzario de ficción de corte popular, costumbrista, con aventuras poco menos (o poco más) que lamentables como la temprana *Un día en el solar* (Eduardo Manet, 1965) y la posterior *Patakín ¡quiere decir fábula!* (Manuel Octavio Gómez, 1982), que terminaron engendrando un tardío heredero tan pedestre como *Irremediablemente juntos* (Jorge Luis Sánchez, 2012). Los dos primeros títulos de esta involuntaria y fatal trilogía reflejan el fracaso de intentos por revalidar atributos populares de guisa afrocubana en producciones de socialista entretenimiento, mientras que el tercero sucumbe a una impericia creativa guiada por propósitos más "comprometidos" y problémicos.

En los ochenta se incrementa la presencia de orquestas populares en las comedias costumbristas de la época como *Los pájaros tirándole a la escopeta* (Rolando Díaz, 1984) y *Plaff o demasiado miedo a la vida* (Juan Carlos Tabío, 1988), donde aparecen secuencias de bailables populares de sosegada naturaleza cederista y sindical. Películas en que no obstante se propone el (no) diálogo intergeneracional, y para el específico caso de *Plaff*...: la paranoia derivada de la intolerancia atrincherada en una tozudez irracional. Los personajes y extras bailan un comedido casino, sin más propósitos que matizar lúdicamente tales cintas y (sobre todo el caso de *Los pájaros*...) estimular las audiencias con intérpretes de alta popularidad.

El reguetón es el himno del subdesarrollo rampante.

Pero con el audiovisual cubano del siglo XXI llegan nuevas obras donde el baile popular y el correspondiente bailable devienen recursos expresivos antitéticos respecto a su natural jubiloso, sustituido entonces por un amargor costumbrista de sesgo fatalista y distópico. La llaneza de su tautología coreográfica y musical resulta otra vez metáfora tanto de la inercial (¿inerte?) alienación social; y de la terrible ciclicidad redundante en que el planeta Cuba gira alrededor de un eje umbílico, altamente extrañado e indiferente a una realidad que nunca varió, y sigue fluyendo, hirviendo en sordina, como un perenne ruido de fondo en los discursos oficiales.

La videocreación intitulada *Resurrección* (Lázaro Saavedra, 2007) se apropia de *P.M.* unos 45 años después, cual acre homenaje rescritural. La ordalía es resincronizada a fuerza de nuevo montaje al ritmo de un entonces de moda tema reguetonero: género que ha llegado a Cuba para quedarse, como suerte de marabú musical que mina la cultura popular, con una furia elemental que lo convierte casi en una fuerza (vengativa) de la naturaleza ya negada en las épocas de *P.M.* como rezago de un pasado neocolonial, vil y clasista. La imagen "inconveniente" que los censores tempranos del documental de Jiménez Leal y Cabrera Infante negaron al suprimirlo de la esfera pública, regresa con los colmillos más fieros que nunca para desgarrar los sistemas representacionales de la utopía social.

La *Resurrección* pensada por Saavedra resulta entonces una orgiástica celebración visual del fracaso de un paradigma, y la vigorizada alienación popular resultante. Tal como ocurrió de otras maneras con toda la obra documental de Guillén Landrián luego de ser digitalizada, redescubierta y revindicada por los realizadores cubanos del XXI, *P.M.* regresa fantasmal y amenazante del Purgatorio al que fuera condenado injustamente. Y retorna vitalmente dialogante con la contemporaneidad inmediata. Los beodos danzantes, los tamboreros y *bar rats* registrados con no poca inocencia por lo creadores originarios de la pieza maldita del cine cubano retornan del destierro con su eterno contoneo para clamar su perennidad.

Abro paréntesis: Más de una década antes, tales "demonios" ya habían asomado sus rostros en el también vindicatorio —y sin dudas clásico— videoclip *Pasaporte* (1995), concebido por Rudy Mora y Orlando Cruzata para el tema de los percusionistas Tata Güines y Miguel Angá. Pues los entonces lozanos creadores optaron por una perspectiva casi documental para desarrollar un relato audiovisual marcado por el "realismo" urbano antes que la puesta en escena impecable, estilizada, que normalmente se concibe para este género. Una provocadora e intrusa cámara en mano se sumerge en los recovecos laberínticos de las ciudadelas habaneras, revelando otredades, dinámicas, sistemas de valores, lenguajes y modos gestuales propios del crisol auténtico donde se fragua la rumba. Cierro paréntesis.

El reguetón, como himno del subdesarrollo rampante y rasero fidedigno de valores sociales, reaparece en la breve ficción nada gratuitamente titulada *A.M.* (Lala Miñoso, 2011), donde se exploran las dinámicas de la heteronormatividad reaccionaria en los predios del proxenetismo y la marginalidad delincuencial. El protagonista Yoandi es un *Cuban pimp* de secretas preferencias homosexuales, la revelación de las cuales en su esfera de relaciones e influencias implica un descrédito total. Expuesto por una de sus prostitutas, estalla en climática tunda que transcurre paralela a una fiesta animada con reguetón a escasos metros, pero totalmente indiferente respecto a la tunda en proceso. Aquí reemerge el asesinado del bailable introductorio de *Memorias…* El sonido opaca el acto de violencia de género física, y más bien termina convirtiéndose en banda sonora de la paliza. El montaje paralelo que estructura la pieza establece una concomitancia estrecha entre tal violencia física y la no menos cruel indiferencia de los danzantes catárticos. Terminan fundiéndose en una armónica coreografía de la brutalidad, donde todos bailan al ritmo de la barbarie más elementalmente virulenta. Lo único que hay que hacer es seguir el ritmo.

Un carácter más nítidamente sociopolítico adquiere el empleo del baile popular en la obra de Carlos Lechuga, quien resulta legatario más directo de las obras de los sesenta, dotando a su cortometraje de ficción *Los bañistas* (2010) de unos jugosos créditos que rompen con el pacto de lectura establecido durante toda la obra, para reformular la diégesis completa y ofrecer a los espectadores un epílogo brechtiano e incordiante.

En un contexto ruinoso, una mujer madura se descalza frente a la cámara y ejecuta unos torpes pasos de baile, que devienen pantomima distópica, ruinas en sí mismos de la alegría que hubieron de simbolizar. Más que redundancia, subraya las secuencias previas donde unos niños aparecen nadando en una piscina vacía, alzados del suelo por unas sillas: otra mímica triste. Aunque pueda entenderse como una posible alegoría de la tenacidad en medio de las circunstancias más adversas, el baile seco, sordo y mudo de la señora revela automática inercialidad, estrategia última de resignada supervivencia en medio del apocalipsis de la utopía prometida. Adaptabilidad mínima a toda costa, incluso de unos sueños y principios solapados, latentes, subconscientes.

Hay que cumplir con la puesta en escena, bailar al ritmo establecido, para invisibilizarse y continuar royendo entrañas tras bambalinas.

En su ópera prima de largo metraje *Melaza* (2012), Lechuga recupera a sus nadadores en el vacío y el baile, esta vez en más estrecha connivencia con el *Reportaje* de Guillén Landrián, en tanto los avatares de la pareja protagónica de Mónica y Aldo —tras torcer sus integridades hasta el quebranto, enmarcadas todas las acciones en un batey adosado a un central muerto, inactivo, oxidado— terminan en un "acto político-cultural" altamente enrarecido, bastante semejante al reportado por Landrián.

Las monótonas arengas infestadas de cifras triunfales, muy parecidas también a las registradas en el documental *Compacta y revolucionaria* (Cláudia Alvez, 2011), tienen como epílogo una astrosa conga, cuyos tambores son manoteados bajo el sol tórrido de *Reportaje*, a fin de animar a la pequeña congregación que no tiene más nada interesante que hacer que concurrir a la ceremonia. La antiheroicidad de los personajes, protagónicos, secundarios y extras, se consolida en esta escena climática y epilogar a la vez, más allá de las previas secuencias donde se describe minuciosamente las concesiones que Mónica y Aldo deben hacer para sobrevivir a las indistintas presiones que amenazan la tranquilidad y el sostenimiento de sus vidas. La recepcionista del central occiso se prostituye, el maestro de la escuela rural vende carne de res a domicilio. Pero al final se purifican en el bailable de todos. Se suman a la mascarada populista, cuyos danzantes se hallan en un ambiguo estado intermedio entre la conciencia y la inconsciencia, entre la conveniencia y el miedo, entre la resignación y la aceptación. Bailan, se mueven, porque no queda más que bailar y moverse para distender el cerebro, para aturdir los pensamientos, o para sencillamente suplirlos cómodamente con una motivación externa que evite la germinación de demonios y miedos. Una final mirada cómplice entrambos zanja el pacto, y comienzan a saltar y a contonearse como celebración del inicio del resto de sus vidas, clarificados y aceptados de una vez todos los términos del contrato social no escrito. Bailan para sobrellevarse a sí mismos mediante la autonegación catártica, y la expansión narcótica de los sentidos. Hay que cumplir con la puesta en escena, bailar al ritmo establecido, para invisibilizarse y continuar royendo entrañas tras bambalinas.

Esta sensación de puesta en escena es abiertamente refrendada en las postrimerías de la que sería, hasta ahora, la más pesimista película de Fernando Pérez: *Últimos días en La Habana* (2016), que a tenor con los tiempos que corren, pudiera modificar su título con un gerundio, y rebautizarse como *Sobreviviendo en La Habana* o *...en Cuba*. En una brillante y surtida tienda imbuida de espíritu navideño, todos bailan con evidente teatralidad, como en un comercial estereotipado. El ritmo lo marca un olvidado tema del también olvidado grupo SBS de los noventa cubanos. Todo invita a un baile donde todo se olvidará, quizás como parte de otro alucinante certamen de la raza de los gerundios: *Olvidando en Cuba*. Esta alucinante secuencia establece una ruptura significativa con el tono realista sostenido a todo lo largo de la cinta, que propone una cartografía del margen social cubano, a la par de una melodramática y pesimista alegoría del desaliento y la desesperanza nacionales. Luego del desarrollo de tal tipo de relato, el protagonista sobreviviente Miguel —nada menos que una viva encarnación de la penuria— entra en una esfera que no puede ser más que onírica, plagada de personas innaturalmente alegres, cercanas a las autómatas esposas de Stepford.

Aquí el baile ve revertida su función catártica a favor de una alienación otra, pletórica de afectada contención y planificada ritmicidad. Es recontextualizado, bien lejos de los tumultos opresivos y caóticos, reubicándose en un aséptico ámbito de la abundancia material. La luz sobreabundante, pero artificial, sustituye las penumbras y sombras confusas registradas en *P.M.*, *Los del baile* y *Memorias...* El baile popular resulta máscara de sí mismo, coyunda de sus propias posibilidades de expresión y expansión. El extravío almidonado sustituye al extravío feroz. Pero al final, todos bailan, todos se hurtan de los problemas, todos se refugian en la seguridad del movimiento tautológico, vacío. Hasta la alienación siempre.

Este año, la Muestra Joven ICAIC, en su edición 17, socializó —con el consecuente limitado alcance— dos obras documentales de respectivos sesgos ensayístico y reflexivo, donde se vuelve a abordar el baile popular: *El futuro* (Janis Reyes, 2018) y *El cementerio se alumbra* (Luis Alejandro Yero, 2018).

Un "maleconazo" carnavalesco para evitar un "maleconazo" político.

Janis Reyes estructura, más allá de la dimensión danzaria, toda una cartografía del movimiento que jalona diferentes coordenadas sociales, espaciales, motivacionales y expresivas. Devela así varias zonas socioculturales que siguen teniendo a la noche como gran escenario. Esta multiplicidad de variantes —grupos de *break dance*, una "fiesta" *techno*, un espectáculo de danza en espacios urbanos con su correspondiente público plenamente receptivo, una arrebolada y acrobática bailadora de rumba, y un asfixiante tumulto carnavalesco— consuma una suerte de expansión antropológica de la nocturnidad lúdica cubana registrada décadas antes por Cabrera Infante y Jiménez Leal.

Desde este diálogo quizás inconsciente, quizás no, la realizadora establece constantes y mutaciones contemporáneas. Termina penetrando en espacios íntimos, donde registra la reproducción del jolgorio multitudinario en la rutina intramuros del hogar, en un proceso de contaminación del entorno privado con prácticas más asociadas a lo público. La replicación de rituales sociales en la esfera íntima, cual moneda con dos caras idénticas o Jano con rostros mellizos. Dos personas traspolan al interior de su vivienda las dinámicas ambientales y sonoras de una discoteca, con todo y juego de luces, más la grabación de un DJ mezclando y animando. Es una puesta en escena donde la fiesta marca su final dominio en la vida del cubano, permeando todos los estratos posibles como alternativa escapista y refugio final más viable.

A la vez, puede verse como la alternativa más viable que halla la sociedad para moverse a contrapelo del exoesqueleto sociopolítico inamovible, estático y enquistado que la rodea. O bien, desde una perspectiva más pesimista (y posible) resulta un margen de permisibilidad catártica, controlado por el poder exoesquelético. De nuevo la consabida estrategia del "pan y el circo".

Otro de los aciertos dramatúrgicos de *El futuro* en este (doble) sentido, es el seguimiento de los diferentes sucesos que transcurren en un mismo segmento del malecón habanero. Inicia el documental con el paso matutino del cortejo fúnebre de Fidel Castro. Exiguos "cordones" humanos formados a ambos lados de la calle posan con el formalismo indiferente de costumbre. Hacia las postrimerías de la obra, ese mismo espacio sirve de escenario al ingente despliegue multitudinario del carnaval habanero. Se demarca una dualidad conductual histórica, donde la fiesta catártica —y su protagonista: el baile— resulta no menos que una profilaxis que previene y ahoga otro despliegue masivo con más consciencia de fuerza. Un "maleconazo" carnavalesco para evitar un "maleconazo" político. No importa cuán impostado y automático sea el tributo a Fidel, ni cuán espontánea sea la conga, mientras cada etapa suceda según lo planeado, y la balanza mantenga el equilibrio. Con *El cementerio…*, Yero despliega una noble pesquisa para identificar, en medio de la nocturnidad borrosa y homogeneizadora, las singularidades insomnes que tienen en las horas de oscuridad un ambiente más propicio para ser y expresarse. Crónica la noche citadina no habanera, engarzando historias desde una pensada aleatoriedad. Alterna mínimas historias, algunas de las cuales se desarrollan o culminan en una fiesta, donde el lente concomita con Guillén Landrián, y opta por explorar a partir de grandes primeros planos el éxtasis abiertamente lúbrico de una bailante, presumiblemente de reguetón, a jugar por los códigos gestuales casi inequívocos.

Al igual que en *Reportaje*, la música extradiegética solapa todo sonido diegético, con los mismos claros objetivos de establecer una antítesis semiótica. La gitanilla campesina púber filmada por Landrián es sustituida ahora por la más agresiva mulata al estilo del segmento introductorio de *Memorias del subdesarrollo*. Una suerte de maridaje híbrido entrambos clásicos, donde lo sugerido por los dos sujetos de los sesenta se concreta y explaya en el baile abiertamente orgiástico que desarrolla el personaje de Yero. La fiesta en cuestión resulta burbuja que mantiene a raya al silencio y la soledad nocturnal acechantes justo al umbral. Amenazante con invadir el paisaje ruidoso con toda su peligrosa carga de sugerencias, miedos. Con la reveladora invitación a la introspección y la reflexión.

Aventuras de Juan Quin Quin: Entre el neorrealismo y el western

Berta Carricarte Melgarez

Tuve un par de veces la oportunidad de conversar informal y brevemente con Julio García-Espinosa. Recuerdo que una vez le pregunté si todavía continuaba sosteniendo los postulados que había defendido en su famoso texto *Por un cine imperfecto*. Con su mirada transparente y al propio tiempo pícara me respondió que en aquel momento lo que había querido era ser provocador. Hoy intentaré rendirle homenaje dedicándole esta ponencia que pretendo sea también una provocación.

Historiadores, críticos, teóricos y público han consentido en llamar «los cuatro clásicos del cine cubano», a un conjunto de largometrajes que ya cumplen medio siglo de creados: *Aventuras de Juan Quin Quin* (1967), *Memorias el subdesarrollo* (1968), *Lucía* (1968) *y La primera carga al machete* (1969). De ellos, el primero ha sido el más taquillero de nuestra industria fílmica. El segundo, probablemente el más estudiado; el tercero muy citado por los académicos, mientras el último ha sido como el más preterido en esos mismos aspectos.

El cine es entretenimiento, y aunque parece una verdad irrebatible, lo cierto es que cada cual tiene su personal manera de considerar lo que es entretenido o no, como cada tiempo histórico cuenta con su propio rasero para medirlo. Hay películas que hoy nos parecen extremadamente viejas, porque las formas de narrar, de interpretar o de resolver aspectos conceptuales o formales, han sido renovadas por nuevos criterios tecnológicos, estilísticos o narrativos. Es decir, la necesaria dialéctica entre contenido y forma ha sufrido variaciones tales que ya no reconocemos la historia y el conflicto narrado en esos filmes como fenómenos concurrentes, reales, posibles o verosímiles en tanto conciernen al género humano; o será que, como dice Jean

Baudrillard *en la medida en que la técnica y la eficiencia cinematográfica dominan, la ilusión se va.*[30] Indiana Jones se va haciendo viejo, ¡qué decir de Tom Mix y Douglas Fairbanks!

Es evidente que la comunicación lograda entre obra de arte y público marcó el éxito de *Juan Quin Quin*. Más de tres millones y medio de espectadores concurrieron a las salas de cine para ver esta joya cinematográfica. Pero ¿qué buscaba, y qué vio el público de aquella época en tan renombrado título?

Dirigido por Julio García-Espinosa, y estrenada el 12 de febrero de 1968, *Aventuras de Juan Quin Quin* está inspirada en la novela homónima de Samuel Feijóo "Juan Quinquín en Pueblo Mocho". La dirección de fotografía corrió a cargo de Jorge Haydú, quien casi logró convertir al paisaje rural y semi-montañoso de la región central de Cuba, en escenografía actuante, como predica el western. Leo Brower fue el encargado de componer la música, sin cuyo virtuosismo habría sido imposible disimular las arritmias que se producen en los instantes donde la acción debía ser trepidante; mientras que los intérpretes de primera línea son Julito Martínez, Erdwin Fernández y Enrique Santiesteban, en roles que no implicaban un particular despliegue de habilidad histriónica. Santiesteban, por ejemplo, no pasa de ser el Plutarco Tuero de San Nicolás del Peladero.

Julio García-Espinosa, fundador del ICAIC, se había destacado desde su juventud por su trabajo en el teatro y la radio. A principios de los años 1950 viajó a Italia para estudiar durante tres años en el Centro Experimental de Cinematografía de Roma. A su regreso se integra a la Sociedad Cultural "Nuestro Tiempo", vanguardia intelectual de la época, y en 1955 dirige *El Mégano*, documental de denuncia social y antecedente insigne de nuestra cinematografía prerrevolucionaria. También se destaca como teórico con interesantes artículos y ensayos, el más famoso de los cuales *Por un cine imperfecto*, contiene los fundamentos de su concepción moderna del cine, y constituye una reflexión inspirada por el filme que había rodado dos años antes, *Aventuras de Juan Quin Quin*. Cinta polémica a los ojos de la crítica, sugería

---

[30]Jean *Baudrillard. Ilusión, desilusión estéticas.*
https://cinedocumentalyetnologia.files.wordpress.com/2013/09/duelo.pdf

un camino experimental, según su autor; pero en cuya lectura más lineal, el público pareció encontrar, al menos, un eco de respuesta a su avidez por el cine de entretenimiento.

Recién llegado de Italia, en mayo de 1954, García-Espinosa dicta una conferencia en la Sociedad Cultural "Nuestro tiempo", titulada "El Neorrealismo y el cine cubano". Entonces afirma: "El Neorrealismo es, esencialmente, la tendencia a registrar la vida misma a través de sus hechos más característicos, más típicos."[31] A continuación explica que una película neorrealista no basa su argumento en una realidad que ya de antemano se vulnera, es decir que no debe ser neorrealista un filme cuya idea o argumento altera la realidad falseando los hechos típicos, característicos. De su explicación subsiguiente se deriva que el cine norteamericano de género quedaría excluido de cualquier consideración vinculante con el neorrealismo.

El cine de género (aventura, policíaco, western, comedia, etc.), funciona como estrategia del *movie business*, que subdivide y clasifica a los públicos, para manipularlos con facilidad, al ofrecerles el tipo de producto de entretenimiento para el cual han sido pacientemente moldeados. El cine fabricado por esa industria cultural sobrevive a un reciclaje infinito de sus fórmulas, con un cierto barniz ético, bajo el cual se oculta su potencial ideológico verdadero. Los preceptos fundacionales del ICAIC estaban muy lejos de considerar ese tipo de cine como una referencia aceptable para la cinematografía cubana en ciernes. Sin embargo, García-Espinosa lo arriesgó todo en su intento de "buscar el cine dentro de ese cine. No había que hacer otro cine, sino buscar el nuevo en la confrontación con el viejo cine (…) Aceptar y rechazar (...) Como ocurre en todas las verdaderas confrontaciones, donde uno asimila al mismo tiempo que niega."[32]

Sus dos filmes anteriores, *Cuba baila* y *El joven rebelde*, se habían gestado sobre la base de los principios consustanciales al neorrealismo. Por el contrario, en *Juan*

---

[31] Julio García-Espinosa. *Algo de mí.* La Habana: ICAIC, 2009, p.166
[32] Juan Antonio García Borrero. *Guía crítica del cine cubano de ficción.* La Habana: Arte y Literatura, 2001, p.65

Quin Quin, el realizador cree haber hallado un modo de expresión a través del cual "se me ocurre a mí –dice él- tratar al guerrillero en clave de comedia, de aventuras, en clave de géneros considerados menores, en vez del género épico, dramático y superior que se suponía adecuado para tratar a estos personajes reales."[33]

Sin embargo, *Juan Quin Quin* era profundamente neorrealista en un aspecto básico: su guion se basaba en el registro de *la vida misma a través de sus hechos más característicos, más típicos*. Cada uno de los episodios del filme se inspira directamente en situaciones reales que vivía el campesinado cubano antes de 1959: la valla de gallo, y el circo; hambre, desalojo, tiempo muerto, estafa, abuso, explotación y coerción de latifundistas, gringos y militares, y como contraposición y alternativa a todo esto, la guerrilla armada. García-Espinosa dibujó estampas rurales extraídas del pasado superado pero reciente. Logró con ello dar la realidad construida como si fuese espontánea. Apropióse, además, del modelo que le ofrecían el cine de aventuras, la comedia y el western, e introdujo lo que él consideró recursos brechtianos y de narración no convencional.

No obstante, coincidimos con Ambrosio Fornet cuando al referirse a los efectos de distanciamiento utilizados en el filme expresa: "Claro que una cosa es poner en guardia al espectador demostrándole que no hay lenguaje neutro o inocente, y otra muy distinta ganarlo para la propia causa utilizando el lenguaje culpable, pero con un signo ideológico inverso. En *Juan Quin Quin* esa mutación no llegó a producirse orgánicamente."[34]

Juan, Jachero, Teresa y el villano

A través de una llanura arbolada asoma una tropa de jinetes, de la que de inmediato se distancia un hombre a galope. Congelado en la imagen queda el héroe sobre su cabalgadura. Ese es Juan Quin Quin y esa su historia. Así se presenta en las primeras tomas del filme, para que el espectador sepa que hay un individuo, surgido de la masa, empoderado sobre ella, único, superior, modelo ideal (¿patriarcal?) para

---

[33] Juan Antonio García Borrero. 2001, p.27
[34] Ambrosio Fornet. *Las trampas del oficio. Apuntes sobre cine y sociedad.* La Habana: ICAIC. José Martí, 2007, p.49

el anclaje satisfecho de la mirada masculina. Juan es más o menos el tipo duro, el galán, el cowboy; se manifiesta en diferentes avatares: monaguillo, torero, cirquero, jornalero, aparcero, guerrillero...

Se ha dicho que *Aventuras de Juan Quin Quin* se nutre de la novela picaresca, del cine de aventuras, de la sátira, y hasta del vernáculo. No obstante, para mí Juan está lejos de ser un pícaro, su caracterización está entre el pringado del pueblo y el muchachón temerario. Su socio, Jachero, es un tipo menor; carece del garbo y la osadía del protagonista; pero es el compañero de peripecias que le ayudará a mejor lucir su cortesía y valentía. Es el Sancho sin Panza, que no crece a la sombra del tipo duro, pero que le sirve de palanca de Arquímedes. Es un personaje soso, de contrapunto, sin el carisma necesario para encender la chispa de comicidad que debiera esperarse de él. Su propia historia de amor con una joven campesina queda inexplicablemente trunca, en alguno de los momentos de arrebato brechtiano que atraviesan el filme. Por ejemplo, una mañana Jachero aparece ahorcado por la guardia rural; al verlo, la muchacha huye a campo traviesa y es baleada por el sargento; se escucha el grito de Juan "Teresaaa"; corte, y ya estamos en otro instante del filme, a partir del cual, ni Jachero está muerto, ni vuelve a saberse nada de la campesina.

En tercer lugar, tenemos a Teresa (Adelaida Raymat), objeto del amor del héroe, indiscutible motivación. Teresa apenas alcanza a rebasar el modelo femenino tropical que propone el filme. Es una guajira robusta, entre trigueña y mestiza, cuyos encuentros con Juan bordean el recato absoluto. El desnudo de Teresa que se sugiere en el río queda amputado y sellado por el jugueteo pueril en que se enreda con Juan, ya fuera del agua y vestida otra vez. Por el contrario, el relato despacha en varias escenas a dos mujeres de cuerpos escandalosamente bellos, una soberbia mulata y una despampanante rubia –como para cubrir un arco de preferencias masculinas- semidesnudas, cirqueras irredentas que han ido un pasito más allá que la puta del pueblo (a quien el cura sermonea con dureza). Lo cierto es que estas cubanas, cuyas protuberancias cárnicas se ofrecían al público como literal carnada, carecían de la belleza insólita, imperfecta, impactante e inolvidable que

Humberto Solás había descubierto con Adela Legrá.[35] La condición polarizada y excluyente de la mujer, virgen o puta, reiterada por Hollywood, como parte de su ideología sexista, se retoma en el filme cubano, añadiendo la sentencia bíblica como simple humorada traviesa; por consiguiente, mientras Teresa y Juan comentan su tierno y recatado romance bajo una palma, en el tronco se dibuja la estampa de la serpiente.

Por último, el villano (Enrique Santiesteban) cuarto elemento medular e imprescindible para que la historia tenga sentido y enganche al destinatario. El actor se desdobla en varios personajes: el alcalde, el apoderado y el administrador del central. En su función de antagonista acompaña al héroe en su recorrido, planteándole diversos obstáculos que desencadenan las peripecias y el triunfo final del bien sobre el mal.

El malo de la película, como se dice vulgarmente, nace en el cine norteamericano como una traslación de la literatura. El villano es una figura clave en el oeste americano, donde por lo general encarna en un matón a sueldo, un cowboy vengativo o un sheriff traidor. En el cine cubano se da a través de aquellos que representan los estamentos de poder durante el período republicano anterior a 1959: latifundistas, soldados, oficiales, guardias rurales, torturadores, alcaldes, concejales, politiqueros en general o miembros de la oligarquía. Al villano de *Juan Quin Quin*, lo encontraremos más adelante replicado en un estereotipo inmejorable, el Don Francisco Gavilán de *El elefante y la bicicleta* (Juan Carlos Tabío, 1994), interpretado por Raúl Pomares.

Parece obvio que García-Espinosa quería hacer un filme cuya empaquetadura guardara la mayor semejanza con el cine de cowboys, mientras su contenido fuera netamente nacional. Pero toda parodia tiende a la legitimación de su referente, por lo que, para el espectador de aquella época, *Juan Quin Quin* era lo más parecido a

---

[35] "El acento típicamente serrano de la improvisada actriz (Adela Legrá), la belleza salvaje de su rostro anguloso, esa mezcolanza nunca antes vista en la pantalla, produjo una especie de anagnórisis colectiva, el reconocimiento de una estética mestiza profundamente arraigada en la idiosincrasia popular." Fornet. 2007, p.48

una emocionante película de vaqueros, con el añadido de retratar un pasaje de la historia reciente con inigualable sabor criollo.

Situaciones episódicas se suceden, siguiendo el esquema natural que se asocia con el género aludido: La trifulca en la valla de gallos sustituía el aquelarre propio de la taberna o «saloon»; mientras la corrida de toros y el asalto al cuartel homologan el asalto a la estación de correos o al banco, sucesos típicos del más puro oeste. Juan escapa por una ventana saltando tan orondo sobre su caballo. Un par de escenas más tarde le ordena a Teresa saltar desde la azotea y ella cae en los brazos de un guardia rural que, obviamente, la salva de partirse, cuanto menos, un tobillo. La persecución de Juan en el ingenio culmina con un poco elaborado pero evidente rescate de última hora (*last minute rescue*), recurso que se repite con igual ineficacia en el salvamento de Teresa. David Griffith, quien fue un maestro en este tipo de secuencia, legó a historia del cine y al lenguaje cinematográfico modelos de esa figura de acción dramática, que se ha explotado con eficacia interminable hasta en el cine de animación, y que García-Espinosa pudo haber aprovechado mucho mejor para levantar el impacto emotivo de la secuencia. Ya luego era suficiente cerrar –según sucede-, con el último diálogo entre Teresa y Juan, antes de que se vea al héroe –por fin librado de Teresa- partir con su tropa monte adentro, como colofón de la historia.

Algunos experimentos cinematográficos interesantes sobre cómo utilizar estructuras dramatúrgicas o recursos estilísticos propios del cine de género para contar historias autóctonas, han demostrado que se puede hacer con un saldo positivo: *El extraño caso de Rachel K* (Oscar Valdés) *El hombre de Maisinicú* (Manuel Pérez), *Clandestinos* (Fernando Pérez), si entendemos por saldo positivo no solo conquistar al público y hacer taquilla, sino también dar la clarinada en términos de cierta novedad estética. *Aventuras de Juan Quin Quin* lo logró en su momento, tomando como divisa que "podía haber más arte en un corto de ficción filmado en las calles agitadas de cualquier país nuestro, que en la película de ficción con la más acabada tecnología, con la más acabada factura que se pudiera imaginar."[36]

Como señala Fornet: "Tal vez convenga acuñar el término "género impuro" para designar esas variantes que, sin responder a los patrones clásicos de uno u otro género, se apoyan no obstante en sus estructuras narrativas".[37]

Transformar el modelo desde adentro

Con su controvertido filme García-Espinosa pretendía transformar el modelo desde adentro, en este caso tomando como referencia el western y adaptádolo al contexto de nuestra realidad insular. De hecho, *Juan Quin Quin* no se ajusta a la normatividad del Modo de Representación Institucional urdido y consolidado en el cine norteamericano por excelencia. El filme cubano resulta más bien un producto neto de los *nuevos cines*, fenómeno que se refiere al renacimiento de las cinematografías nacionales, que se repostulan con una estética y ética de nuevo aliento, a principios de los años 1960.

Juan Quin Quin no es un relato lineal, sino circular con tendencia al bucle, pues la historia no se clausura de modo explícito, sino que queda abierta a la especulación sobre otras peripecias del héroe; no obstante, hay un final implícito, pues ya que Juan pertenece a una guerrilla, no puede avizorarse otro desenlace que el histórico, es decir, el triunfo de la revolución, ergo el triunfo del héroe. La cámara tiende a permanecer estática durante los diálogos, y es bastante morosa y flemática en las escenas de acción. Por momentos se producen cortes abruptos que rompen el raccord y la continuidad narrativa, al punto de no poder afirmarse si son imperfecciones de la edición o efectos brechtianos, con lo cual todo ilusionismo e intención de transparencia narrativa quedan desvirtuadas (¿cine imperfecto?). *Juan Quin Quin* no sede nunca espacio a un contenido evasivo o alienante; su argumento ha sido extraído de la realidad y volcado sobre los moldes de la comedia de aventuras. Los procesos de identificación entre mimesis y diégesis son continuamente interrumpidos por los efectos autoconcientes del discurso fílmico, ya

---

[36] García Borrero. 2001, p.66
[37] Fornet. 2007, p.281

sea a través de carteles, materiales de archivo, apropiaciones formales del comic o la mirada a cámara que pone en evidencia al narratario.

Pretender juzgar la película desde la inmediatez, o sea, desde el juicio actualizado que impone el presente, es inevitable y tentador, *dada la socorrida pero salomónica idea de que toda historia es historia contemporánea, aunque solo sea porque no puede organizarse ideológica y narrativamente más que desde la óptica actual.*[38] He ahí una buena razón para volver a ver *Aventuras de Juan Quin Quin*, estudiarla, cuestionarla, disfrutarla, no dejarla morir; a sabiendas de que muy, pero muy pocas obras del arte cinematográfico, son capaces de desafiar el paso del tiempo.

---

[38] Fornet. 2007, p.50

Fotografía, manigua y cine. Notas para (re)conocer Hombres de Mal Tiempo

Daniel Céspedes

Para Dean Luis Reyes

De un libro historiográfico y, sobre todo, analítico, puede encontrarse más de un concepto acerca de su tema principal. Sea el que fuere. Desde el inicio ensayístico –no podía ser otro el género más privilegiado a propósito de definiciones– el tema comienza a darse mediante conceptos y, cuando el autor parece entregar lo mejor de una idea, yuxtapone otra. De este modo, el propósito del libro se explaya como si el "para qué de algo" quedara en la cifra del hecho o de la posibilidad. La concurrencia o superposición de infinitivos como certificar, construir, registrar, guardar… se integra a la adjetivación de los resultados de la experiencia estética y acaso artística de la fotografía. Al testimoniar la correspondencia como el desacuerdo del hombre con el mundo, la fotografía puede considerarse nuestra otra memoria.

¿Nuestra otra memoria? Pues sí. Al observar esta suerte de representación visual, recomponemos un suceso con añadidos del presente como la crónica-retrato de un linaje por ejemplo; acercamos el pasado –familiar o no– cual situación aparentemente paralela, pues en verdad queda contrapuesta una lectura de asociación alterna. No obstante, recuerdos, nostalgia e iluminaciones sugieren el paso del tiempo en un amasijo de proximidad increíble con referentes aún visibles y no tan ausentes. «Coleccionar fotografías es coleccionar el mundo». No ha podido ser más generalizadora y precisa la estadounidense Susan Sontag cuando se ha referido a una de las funciones conceptuales del arte fotográfico.

Desde la invención y desarrollo de la fotografía en la pujanza del siglo XIX europeo, se quiso registrar y trasportar el mundo: no hacía falta estar en un lugar si quedaba confirmada su existencia. El conocimiento y la experiencia de la estancia parecieron certificarse por la imagen fija del lugar, cuando no por la prueba irrefutable de la figura como testigo presencial. Al ensanchar y diversificar retazos del orbe, la fotografía activó la representación verbal del saber de oídas y, sin embargo, pactó con la imaginación. Pues luego, el artificio intentaría –lo logró muchas veces– adulterar "la verdad" al entorpecer los adelantos o conquistas de la ciencia.

Lo pintoresco y lo bello, lo circunstancial y lo notable han sido nociones buscadas y encontradas en lo fotografiado. El detalle no ha sido tampoco descuidado por lo inconmensurable o la dominación de lo más asiduo y mundial. Por desgracia, la guerra ha tenido que autentificarse por los corresponsales de lo gráfico. Se sabe que las imágenes basadas en hechos reales –sean en pleno combate o posbélicas– no son muy alteradas en las fotografías. Los fotógrafos de las contiendas mundiales se han arriesgado y se arriesgan para captar desde los inicios de una guerra hasta los efectos de vencidos y vencedores. Hemos conocido de fotografías anteriores a un combate y, para colmo, apreciamos estéticamente, como ejercicio de clase, el instante de la muerte para la posteridad y la Historia, como aquella que registró Robert Capa, por ejemplo, en el momento en que derriban a un miliciano en el frente de Córdoba en el lejano 5 de septiembre de 1936.

Importantes fotógrafos del siglo diecinueve cubano fueron José Gómez de la Carrera, Pedro J. Pérez, Gregorio Casañas, Trelles, Joaquín López de Quintana, Sánchez Capiró. Gracias a ellos, Cuba posee un registro visual significativo sobre mambises y españoles. Existen fotografías que integran hombres en combate y algunos cuerpos caídos. No creo que estas imágenes se deban a poses ante la cámara. Aunque, de todo hay en la viña del señor. Hubo acontecimientos y personajes para toda clase de representaciones. A medio levantar su machete, un adolescente mambí se encuentra cerca del cuerpo de un negro postrado. La cámara ha registrado hacia el fondo una cabaña. El chico sonríe por la posible ocurrencia, la cual ha quedado para el porvenir. En rigor, la composición parece una puesta en escena, a diferencia de otra mucho más elocuente, donde apreciamos a un grupo intergeneracional en la preparación campestre de un asado. Queda encubierta la heroicidad ante la faena no tan diaria de intentar llevarse un bocado a la boca. El hambre los equipara en este encuadre impresionante por testimonial e histórico. «En la jerga humanista, la mayor vocación de la fotografía es explicar el hombre al hombre. Pero las fotografías no explican; reconocen».[39]

Contrario a cuanto se puede pensar sobre las fotografías del ejército español, ellas expresan por oposición cuanto puede definir al bando mambí. Los rostros son inquietantes; los estados de ánimos distintos. Eso sí, las miradas de algunos los arrima como coterráneos esperanzados, seguros y hasta más solemnes que los cubanos. No obstante, no pocos ansían que la guerra termine. Quieren regresar a la Madre patria y hacer familia. Se encuentran en un país foráneo frente a una tropa limitada y mixta, pero resuelta a pelear por el país deseado.

Las fotografías de finales de la guerra del 95, tanto de cubanos como españoles, permiten, para algunos, trazar un esbozo de las acciones insurrectas a través de la generalización de los sublevados, como si no hubieran cambiado desde la Guerra de los Diez Años hasta las secuelas de la contienda finisecular porque, por ejemplo, «cuando con ventaja se deciden a esperar el ataque de nuestras columnas, escudados con la espesura de los bosques, es indudable que pelan con más vigor del que generalmente se les atribuye».[40] Desde hace treinta años, los héroes aún vivos del 68 y quienes se han ido sumando según los conflictos sucesivos, no parecen haber cambiado en sus procederes y perfiles en vísperas de un siglo nuevo. Se engaña la mirada ibérica. La manigua ha sido hogar y aprendizaje, lucimiento y camposanto para el *warhero* cubano. Ni este ni los españoles pudieron ser confinados a la instantánea. El cine, con sus altibajos y de acuerdo a los intereses de los realizadores, los prolongaría cual personajes pintorescos cuando no autóctonos e históricos.

En Cuba, durante la época republicana, hubo algunas películas que abordaron el tema mambí directa e indirectamente, ya que a veces algunas de las tramas

---

[39] **Susan Sontag:** *Sobre la fotografía,* Edición al cuidado de Aurelio Major, Random House Mondadori, Barcelona, 2010, p.114.
[40] Citado por José Abreu Cardet: *Los resueltos morir: relatos de la Guerra Grande (1868-1878),* Editorial Oriente, Santiago de Cuba, 2016, p.161.

trascurrían durante el período de las luchas insurreccionales como *El Rey de los campos de Cuba* (1913), *El capitán mambí o Libertadores y guerrilleros* (1914), *La manigua o La mujer cubana* (1915) y *El rescate del Brigadier Sanguily* (1916), todos de Enrique Díaz Quesada. En 1930 se filmó *La última jornada del Titán de Bronce o La Ruta de Maceo* (Max Tosquella). Este documental silente, que aún se conserva, tal vez sea el primero donde advertimos la presencia de mambises.

Ahora bien, cuando se haga un estudio que pretenda revelar las capas más heterogéneas de la guerra y de la historia en relación con el cine, se debe tener en cuenta los acercamientos polémicos de la cinematografía estadounidense al conflicto cubano-español —luego Guerra hispano-norteamericana— y por supuesto, la visión de España por relatar los dramas históricos-épicos sufridos en carne y hueso. España pudo rememorar numerosas escenas acontecidas en tierra cubana por cuenta de las biografías, testimonios y memorias que escribieron muchos sobrevivientes de la contienda bélica. Pero, al tener cine desde 1896, no fue difícil que dos años después, se realizaran catorce breves filmaciones en torno al período conclusivo de las guerras coloniales de Cuba. No obstante, los acontecimientos impulsaron la curiosidad de varios directores. La constancia fílmica sobre los asuntos entre Cuba y España continuaría.

Para los inicios del cine en Cuba (1897) —aunque ya se había visto cine en La Habana desde unos años antes— vivían veteranos de las tres guerras de independencia. De manera que tanto la ficción como el documental pudieron haber tenido asesoría verbal, sin que se menospreciara lo escrito en la manigua por los cubanos. Mas sobre este tema (la asesoría) no hay constancia. Hubo que esperar hasta los años sesenta, antes de *Lucía* y *La primera carga al machete*, para que el director argentino Alejandro Saderman en 1968 presentara *Hombres de Mal Tiempo*, singular audiovisual que convocó a veteranos de la Guerra del 95, quienes orientaron a un equipo de realización, compuesto, entre otros, por el director de arte Pedro García Espinosa, el escritor Miguel Barnet, el productor Carlos Vives, el fotógrafo Rodolfo López y figuras relevantes de la actuación en Cuba como René de la Cruz, Pedro Rentería, Miguel Benavides, José Antonio Rodríguez y Omar Valdés.

Resulta harto elocuente cómo en la voz en *off* del actor José Antonio Rodríguez se escuche: «Nosotros vamos a jugar con el tiempo. Y ellos contarán en presente lo que para la historia es pasado. Porque la memoria está más allá del tiempo, más allá de la historia. Es una razón de existir. Este no es un documental histórico. Es una fiesta de la memoria». Si bien *Hombres de Mal Tiempo* es una obra mencionada en algunas bibliografías, es desde hace tiempo un documental olvidado. De hecho, se soslaya incluso que fue el antecedente de los clásicos cubanos ya mencionados, también de *Médicos mambises* (Santiago Villafuerte, 1969); luego, que construye un diálogo entre presente y pasado, tradición y modernidad, espontaneidad y manipulación o autenticidad y simulación; en fin, testimonio e iniciativa a partir de la Historia que se recrea/reconsidera/reconstruye a sí misma. Por la presencia no solo de un gallego, un chino, un cimarrón y otros cubanos, todos mambises de la batalla de Mal Tiempo.

Es interesante cómo ellos que, en su momento, fueron cómplices de una puesta en escena real y para 1968 ya histórica, de pronto, devienen partícipes contemporáneos junto a actores conocidos de una recreación de lo que sucedió en términos de datos verídicos: la batalla por ejemplo, al paso que simulaban cuanto pudo transcurrir en hechos aislados: una traición y posterior fusilamiento, la preparación para el futuro combate, el enfrentamiento en el campo de batalla… *Hombres de Mal Tiempo* se inscribe como una joya cinematográfica muy significativa sobre el contexto histórico cubano.

En todo se fijan, todo lo observan, y tienen una prodigiosa memoria para retener por muchos años hasta los más insignificantes detalles de un lugar determinado, así como su fecunda imaginación les sugiere también mil estratagemas para borrar su *rastro*, a fin de desorientar a nuestros prácticos, tan conocedores como ellos.[41]

La anterior cita de la autoría del teniente español Antonio del Rosal y Vázquez de Mondragón, prisionero de los mambises en la Guerra de los Diez Años, motiva

---

[41] José Abreu Cardet: *ob.cit,* pp.163-164.

volver sobre sus criterios; pues además de forjarse una heroicidad desde el cautiverio, aprovecha Del Rosal para convertirse en cronista del ejército mambí. Los dos textos (*Los mambises: Memoria de un prisionero* y *En la manigua. Diario de mi cautiverio*) se convirtieron en estudios sobresalientes sobre el tema mambí y aún hoy constituyen a la par que los testimonios de los veteranos de guerra reunidos por Saderman, en dos discursos muy complementarios por contrapuestos. Proceso inverso del relato ecfrástico, pues a partir del argumento verbal se recompone una visualidad intervenida o mediada por las sensibilidades del director y de los asesores. Estética de superposiciones que complejiza por enriquecer los aspectos vívidos y vividos de la Historia. El vínculo entre imágenes fijas y puesta en escena prefijada crean un documental ficcionalizado de un valor antropológico y cultural extraordinario.

La elocuencia ha dado lugar a la ironía en un país que, por recordar a sus más distinguidos héroes, olvida una y otra vez las aparentes figuras pequeñas de su historia. Y, ¿acaso este registro visual y verbal de esos mambises no representa una lección ética-existencial que pone en entredicho la diacronía ya temprana, pero lánguidamente esgrimida por la nación? Enhorabuena para el maestro Alejandro Saderman a cincuenta años de su impactante obra *Hombres de Mal Tiempo*.

El 68, la memoria conmemorativa de los "cien años de lucha" y la odisea del general José de Jorge Fraga, Astrid Santana Fernández de Castro

> …el balance de la lucha republicana entre la memoria y el olvido es, hasta enero del 59, la frustración del desafío de la memoria por la inercia del olvido.
>
> Jorge Fraga, "Nota sobre el cine, la cultura y los mambises"
>
> No cojas lucha, que son cien años…
>
> Del refranero popular humorístico, 1968

Conmemoración y representaciones

José Lezama Lima, con su particular poética y visión del mundo, considera que "Recordar es un hecho del espíritu, pero la memoria es un plasma del alma, es siempre creadora, espermática, pues memorizamos desde la raíz de la especie. Aun en la planta existe la memoria que la llevará a adquirir la plenitud de su forma, pues la flor es la hija de la memoria creadora." . Al distinguir el recuerdo de la memoria, el escritor le otorga valor perdurable y seminal a la segunda. Ese plasma del alma o idea persistente, cuyas pulsaciones encontramos en el arte, no es invariable, sino es más un ejercicio de asociación, una forma del "witz" alemán o del ingenio, como señala el propio Lezama.

La memoria no es una acumulación de datos, sino una construcción vinculante que permite entrever los intereses de la época en la que se produce y se gestiona a partir de enfoques, rescates y olvidos. En todas las sociedades, resulta una particular manera de posicionarse frente al pasado y de elaborar reasignaciones simbólicas que atienden a sus contextos de producción. La memoria nunca es espontánea, no es un brote autónomo sino un modo de gestionar el pasado.

La memoria conmemorativa, por su parte, es un dispositivo político que administra los lugares de memoria (Pierre Nora), la memoria colectiva (Maurice Halbwachs), la memoria cultural (Jan Assmann) y la memoria funcional (Aleida Assmann) , como recursos y mediaciones que incautan el presente y lo funden al pasado. Para gestionar esta trama de memorias, la conmemoración se sirve de todo tipo de soportes discursivos y medios de comunicación. Revisa, recobra, ordena y construye una narrativa de la historia que, desde luego, responde a las demandas de un momento dado y a las correlaciones de poder.

La conmemoración pretende ser un acto de cohesión imaginaria para una comunidad, la celebración de un acontecimiento que "glorifica y consagra" los llamados valores de la nación. Cuaja como episodio estructurante que se repite en el tiempo y visibiliza, a través del ámbito semiótico y discursivo, las reinscripciones del festejo que se van operando en cada momento. A propósito de la reconstrucción y resignificación de la memoria, la conmemoración resulta, por otra parte, una manera de comprometer el recuerdo en función del relato identitario y nacionalista.

Denominada "Cien Años de Lucha", la memoria conmemorativa del inicio de las guerras de independencia en Cuba resultó ser un asunto cotidiano-ritualizado, al tiempo que una extensión política de 1968. Respondía, como se ha insistido, a una orientación teleológica de los hechos, amparada por el materialismo histórico pero, al mismo tiempo, era un recurso de adhesión y amplificación del alcance inmaterial-ideológico de la revolución.

Para asistir a estos propósitos, se estipuló una nueva temporalidad que se presentaba como era imaginaria. La era imaginaria donde se labraba discursivamente la identidad nacional y se delineaba el panteón heroico, todo esto a través del énfasis dado por la conmemoración centenaria y la potestad enunciativa del proceso revolucionario. Cuando la revista Pensamiento Crítico publicaba el discurso de Fidel Castro con motivo de los cien años del inicio de las guerras de independencia, pronunciado el 10 de octubre en La Demajagua, enfatizaba la siguiente frase: "Si las raíces y la historia de este país no se conocen, la cultura política de nuestras masas no estará suficientemente desarrollada." La necesidad política de activar la conciencia del pueblo en torno a la fundación de la nación cubana se auxiliaba del relato de la historia. "Conocer", en este contexto discursivo, significaba ante todo rehabilitar el pasado a través de ciertas narrativas para condicionar las subjetividades del presente.

El discurso conmemorativo de Fidel Castro se enfocaba en señalar las principales figuras de la gesta decimonónica, su valor fundacional para la identidad cubana y los vínculos entre el pasado histórico y las contingencias del "día de hoy". Había estado precedido por las palabras finales de otra intervención pública, realizada en la escalinata de la Universidad de La Habana, con motivo de la conmemoración del 13 de marzo, luego referenciada como el discurso sobre la "ofensiva revolucionaria", donde se anunciaba que:

esta Revolución la mantuvieron en alto un puñado de hombres, seis, siete, doce, (…) la bandera de esta Revolución la mantiene enarbolada lo mejor, lo más noble, lo más valeroso y lo más combativo de nuestro pueblo (APLAUSOS), que sabrá estar a la altura de estos 100 años, cuando inició su lucha por la independencia; independencia cuya lucha inició aquella generación y que culminó esta generación, y que sabrá defenderla hasta el último aliento, hasta la última gota de su sangre. Porque cuando decimos: ¡Patria o Muerte!, decimos: ¡Patria o Muerte! ¡Venceremos! (OVACIÓN)

La Demajagua se resignificaba como lugar de memoria, al ser declarado Parque Nacional antes del discurso. Entre junio y agosto de 1968 se hicieron obras de restauración y la campana del ingenio se colocó en alto, en un arco elipsoidal que fungía como monumento de piedra. No es ocioso recordar que la campana de La Demajagua se enlaza a través de una anécdota a la actividad revolucionaria del joven Fidel, por lo tanto, sus asignaciones simbólicas como objeto ritualizado pertenecían no solo al llamado marcial de Carlos Manuel de Céspedes sino a su empleo como insignia de la independencia por los estudiantes universitarios en el período republicano y, en particular, a la vida política del dirigente. El lugar de memoria adquiría, por sobre sus sentidos fundacionales, una nueva dimensión ideológica. El líder del siglo XX con su ejercicio discursivo se autoconsagraba el 10 de octubre en el espacio monumentalizado donde se gestó simbólicamente la nación, y se inscribía así como voz heredera de la continuidad histórica.

La dimensión de lo cotidiano se vio inundada por los cien años de lucha. Se instaló una sucesión de vallas en la calle Paseo, el 2 de enero de 1968, que mostraba sucesivamente y a fragmentos la frase de Fidel Castro: "Nosotros entonces habríamos sido como ellos; ellos hoy habrían sido como nosotros", tomada del discurso efectuado tres años antes, el 13 de marzo de 1965, en el acto celebrado en la escalinata de la Universidad de La Habana en honor a los mártires del 13 de marzo. Según el diseño de Olivio Martínez y Antonio Pérez (Ñico), las palabras iban acompañadas por los rostros de los héroes más significativos, desde Carlos Manuel de Céspedes hasta el Che y desembocaban en la Plaza de la Revolución. A través de la habilitación semiótica del espacio urbano se hacía transitar simbólicamente a las personas desde el inicio de la independencia hasta el triunfo revolucionario, como parte de un destino nacional se le incitaba a la participación política.

Abría el año 68 la frase que marcaba la conmemoración y que sobredimensionaba la identificación entre los sujetos sacralizados de la historia y los cubanos todos, homogeneizados bajo la noción del nosotros-pueblo de la revolución. Sin embargo, la conmemoración del centenario no se resumió al uso de consignas, aunque estas aparecieran con frecuencia y formaran parte del quehacer político de la época. Se desplegó una campaña duradera que se irradió a través de los medios de comunicación, las publicaciones periódicas, el diseño gráfico, y que incluso encontró ecos más allá de 1968.

El universo visual de ese año se pobló con las imágenes de las figuras históricas. El 10 de octubre de 1968 se emitió una serie filatélica conmemorativa, compuesta por 13 sellos, con una tirada de 200 000 ejemplares, nuevamente con los rostros de los héroes . El sello dedicado al Che ilustra, en la viñeta acompañante, a Fidel Castro de espaldas, ante la multitud, en la Velada Solemne dedicada a la muerte del guerrillero, que será otro de los tópicos recurrentes en el año 68. A la par, la televisión cubana emitió la serie 1868, dirigida por Pedro Álvarez. Los carteles políticos y la gráfica en las revistas culturales –particularmente la realizada por Umberto Peña para Casa de las Américas conceptualizaban el eslabonamiento de las insurrecciones históricas.

En el ámbito editorial, el Instituto del Libro creó la colección "Centenario 1868", donde fueron publicados títulos como Episodios de la revolución cubana de Manuel de la Cruz, La tierra del mambí del irlandés James O´Kelly y el Diario de campaña de Máximo Gómez. La revista Pensamiento Crítico colocó una sección denominada "Independencia o muerte. Libertad o muerte. Patria o muerte", donde se publicaron textos de Antonio Maceo, Juan Gualberto Gómez, Antonio Guiteras, Pablo de la Torriente hasta la visión de Julio Antonio Mella y el Che sobre Martí. La sección incorporaba a modo de colofón el discurso de Fidel Castro en La Demajagua y así proponía desde su curaduría editorial una sucesión de ideas que desembocaban en el "ahora inmediato" de la revolución.

Dentro de este marco el cine no fue una excepción, si acaso fue un soporte artístico privilegiado por su alcance masivo y su condición dramático-narrativa. En el número 68 de 1971, la revista Cine Cubano ofrecía un dossier dedicado al ciclo cinematográfico sobre los cien años de lucha. En el año del Congreso de Educación y Cultura, los cineastas explicaban la necesidad de buscar en las raíces culturales cubanas (sobre todo aquellas que se vinculaban al independentismo), la continuidad de la revolución. Pastor Vega ofrecía una imagen del cine como nuevo escenario para el "combate" que debía encarar el proceso nacionalista:

La cinematografía cubana se dio a esta tarea porque orgánicamente estaba situada dentro de ella. Las películas realizadas no fueron resultado de una consigna perseguida sino una derivación lógica de las naturales exigencias que tiene para consigo misma. Bien sabe el cine cubano que si existe como Arte es porque finalmente el cubano existe como nación.

La industria cinematográfica cubana y los cineastas formados en ella quedaban así declarados "derivaciones orgánicas" del proceso revolucionario que los dotaba de una plataforma estatal para la creación y de principios estéticos renovados que no dependían del alcance comercial. El arte responsabilizado con la exploración política, histórica y sociológica se avenía con la gestación de la memoria revolucionaria, heredera, en primer lugar, de la República en armas. Los cineastas, como el resto de los intelectuales, debían ser actores inmediatos, garantes de la restitución del sueño de la identidad cubana, de la nación como escenario soberano con plena autodefinición, de la sacudida de los males foráneos y de la refundación patriótica.

Desde una plataforma política y sociocultural que recolocaba próceres y mártires como paradigmas de actuación revolucionaria después de lo que se entendía una borradura de la Historia, a fuerza de haber sido monumentalizados y convertidos en ornamento urbano los creadores tenían el compromiso de restablecer las funciones de la memoria y visibilizar el tejido que unía a los movimientos libertarios desde 1968 hasta el presente. Los levantamientos emancipadores se convertirían en ejes temáticos del cine histórico, entendidos y representados en los discursos, los ensayos y las obras artísticas como los principales resortes de la cultura nacional.

El cine, la memoria imaginada y La odisea del general José (1968) de Jorge Fraga

El cine como acto de memoria, aun cuando se basa en documentos históricos o imágenes de época, es una elaboración imaginaria que contamina la idea del pasado experimentada por el receptor. El lenguaje audiovisual "imprime fotográficamente" una visión de época y va sugestionando los modos en que "recordamos" aquello que no hemos vivido. Graficar la historia a través de la ficción cinematográfica es una forma de construcción de la memoria compartida, imaginada en principio por el director y el equipo de realización, luego reproducida y adoptada por el público, descontextualizada a veces con fines divulgativos o intertextualizada por nuevos filmes.

La recuperación de antiguos sucesos como reconstrucción orientada y ejercicio de la memoria se convierte en imagen sucedánea del pasado histórico. La memoria representada a través del cine es capaz de vincular a personas de muy diversas subjetividades que registran las mismas escenas como parte de un proceso de participación y recepción. El cine histórico de ficción que recrea la colonia, con mayor o menor fortuna crítica, ha sido en la Cuba del periodo revolucionario, una manera de potenciar y orientar la imaginación sobre el pasado heroico. Podríamos responsabilizar por eso a la citada frase de la ley 169: "nuestra historia, verdadera epopeya de la libertad, reúne desde la formación del espíritu nacional y los albores de la lucha por la independencia hasta los días más recientes una verdadera cantera de temas y héroes capaces de encarnar en la pantalla, y hacer de nuestro cine fuente de inspiración revolucionaria, de cultura e información" ; lo cierto es que en nuestras películas encontramos un despliegue de virilidad marcial, rebeldías y puestas a prueba de la entereza que, desde la preponderancia masculina, construyen la representación de nuestra propia "génesis épica".

En el entorno de los "Cien Años de Lucha" entre 1968 y 1971 se produjeron varios filmes de ficción y documentales que se basaban en la reanimación de la memoria: La odisea del general José de Jorge Fraga (1968), Lucía (1968) de Humberto Solás, Hombres de mal tiempo (1968) de Alejandro Saderman, La primera carga al machete (1969) de Manuel Octavio Gómez, El llamado de la hora (1969) de Manuel Herrera, Médicos mambises (1969) de Santiago Villafuerte, 1868-1968 (1970) de Bernabé Hernández, Páginas del diario de José Martí (1971) de José Massip.

La necesidad de conectar la gesta decimonónica con la revolución es evidente en estas obras. Más allá del enfoque teleológico, o teniéndolo como marco, el cine cubano nutre el mito de las analogías históricas. Los cineastas se ven seducidos por la magia de la trascendencia que radica en mostrar semejanzas, lo mismo reveladas como epifanías que expuestas como demostraciones materialistas. Lo análogo es trascendente, incluso en un sentido religioso, donde la tradición y la fe se dan la mano. En la medida en que la revolución resultaba cercana a las contiendas emancipadoras del siglo XIX, allí donde se encontraban los padres fundadores de la nación, legitimaba su proceder y sus propias narrativas de lo heroico.

Al mismo tiempo, ante la demanda de producción de un cine histórico que pervivía en la política cultural asociada al ICAIC, (desde la Ley de fundación del ICAIC en 1959 hasta la Declaración del Congreso de Educación y Cultura en 1971), los directores dan utilidad ideológica a la representación del pasado, al ubicar explícitamente la enunciación desde el contexto revolucionario. Según Jorge Fraga al hablar sobre su película:

La relación entre el presente y el sentido de la acción que narra La odisea del General José me parece clara. Y es esta relación lo que me movió a filmarla. No es verdad que la historia se repite. El mito de Sísifo puede ser conmovedor pero es falso. Hay, sin embargo, entre los acontecimientos históricos que pertenecen a una misma tradición, una continuidad y un aspecto que permanece: junto a la diferencia, se da la analogía. Narrar la historia es, entonces, descubrir la analogía y ponerse ante el pasado en el punto de vista de ella.

Representar el pasado dentro de una tradición que valida las analogías, era ante todo una necesidad de la revolución. Nos recuerda Walter Benjamin que: "La historia es objeto de una construcción cuyo lugar no es el tiempo homogéneo y vacío sino el que está lleno de "tiempo del ahora". Así, para Robespierre la antigua Roma era un pasado cargado de "tiempo del ahora" que él hacía saltar del continuum de la historia. La Revolución Francesa se entendía a sí misma como un retorno de Roma." En la misma estela, como revolución moderna ilustrada, la cubana convocaba a sus intelectuales y creadores -dentro del marco de la conmemoración, dentro del marco de esta "era imaginaria" de conformación de un espíritu nacional asociado a la guerra, a la independencia, a la insurrección- para que hicieran saltar del continuum de la historia aquellos hechos que podían enlazarse al presente.

El propio Fraga en 1969 escribía que "la frustración de la memoria por el olvido es la frustración de la revolución por el imperialismo –y por eso la revolución es también la reivindicación de la memoria." Según el hilado de su pensamiento, a los héroes de la independencia se les había petrificado en el período histórico anterior, se les había beatificado y convertido en estatuas. Sin embargo, en la memoria de los sobrevivientes, en el anecdotario escrito, en la literatura de campaña, residía un "humus genial y formidable" para la conciencia de nuestras raíces y la "unidad cultural del país".

Desde 1964, Fraga definía la labor del cineasta como una obra de utilidad social. El creador debía contribuir con su trabajo al "engrandecimiento moral e intelectual de su pueblo" y estos fines eran "por su propia naturaleza, pedagógicos". La representación de la memoria no escapaba de su idea general sobre el director de cine como un artista que debía contribuir a los discursos identitarios de la nación, y que, al mismo tiempo, se convertía en ilustrador o pedagogo dentro de la comunidad. La industria cultural cubana se convertía en una "escuela masiva", cuyo propósito era reconstruir los discursos del país en armas, dignificado por los alientos de la épica y los eslabonamientos simbólicos de la independencia. La deuda con la nación como proyecto que había quedado "inconcluso" sería saldada por la obra restauradora de la revolución, a través de la acción y, no menos importante, de la intelección.

La odisea del General José narra las peripecias de José Maceo, después de desembarcar por la playa de Duaba el primero de abril de 1895, junto a Antonio Maceo, Flor Crombet y otros expedicionarios. A partir de la persecución sufrida, la pequeña tropa tuvo que fraccionarse y los hermanos Maceo, por separado, enfrentaron la sobrevivencia en el monte hasta lograr su reincorporación a las tropas mambisas. El filme se construye sobre tres propósitos temáticos: la dureza de la subsistencia en la manigua, en entornos de guerra, que deben enfrentar los hombres acosados por las emboscadas, las terribles condiciones climáticas, la desorientación y el hambre; la incorporación de los escépticos a la causa revolucionaria a través de la vergüenza y la inspiración épica; y la exhibición del héroe mestizo, viril, que antepone el arrojo a la capitulación, la voluntad al límite y la causa revolucionaria a la vida.

La película tiene como fuente narrativa la carta de Máximo Gómez a su esposa Bernarda Toro del 27 de julio de 1896, conocida como "Odisea del general José Maceo" y publicada en 1965 por la Editorial Nacional de Cuba, junto a otros textos de campaña bajo el título El viejo Eduá. La estructura narrativa del filme sigue las acciones cardinales contadas por Gómez, aunque prescinde del preámbulo sentimental donde el General le habla a la esposa con dulzura y tristeza sobre la muerte de José Maceo:

> "Y es que creo –Dios me conserve esa ilusión- que cuando tú sabes que yo padezco y sufro, es mucho menos intenso el sufrimiento y me siento consolado en las horas tristes de la vida, plagadas de azares y duras privaciones. Me embarga la pérdida del General José Maceo, que murió el día 5 en combate fiero y rudo, como él sabía pelear contra los enemigos de su Patria. He perdido un amigo fiel y un General que deja un gran vacío en las filas del Ejército a mis órdenes. Ha muerto después de añadir nuevas y brillantes hazañas a sus hazañas antiguas que más de una vez me has oído referir y que han hecho interesantísima su historia militar".

El antecedente literario es un hipotexto que se refiere a la historia desde la cercanía en el tiempo, la necesidad de registrar la gesta mambisa y de comunicar aquellos aspectos extraordinarios de sus héroes para la posteridad. El viejo Eduá fue la primera publicación de literatura de campaña realizada bajo el mando de la revolución y tiene el halo narrativo de la crónica. Modulado por la caracterización de personajes y la descripción emotiva de los pasajes, el relato sobre la desorientación y la resistencia de José Maceo hasta encontrar las tropas de Periquito Pérez, forma parte de lo que el propio Gómez llamó una leyenda "fecunda en hechos históricos, en grandezas que dignifican y elevan el espíritu de la familia americana, por el respeto y simpatía que justamente ha de inspirar a las generaciones que se sucedan, la gran obra emprendida por la generación presente, y por el sentimiento más noble que puede abrigar el corazón humano: la gratitud nacional."

La "gratitud" es expresada dentro del discurso nacionalista de la revolución como un acto de reivindicación de la memoria épica. Sin esfuerzos de elaboración psicológica o simbólica, sino apoyado en la acción explícita de los personajes y sus parlamentos, así como en la fotografía de Pablo Martínez, Fraga parece querer ilustrar al público sobre el comportamiento del líder y sus hombres en la guerra del 95, justo en sus umbrales, cuando las dificultades podían haberla permeado y detenido.

De la escritura, Fraga toma la representación de esa relación del mambí con la naturaleza, si bien ventajosa para los cubanos en las campañas militares, igualmente hostil para un hombre extraviado y solo. Según Ambrosio Fornet, uno de los rasgos más atractivos de la literatura de campaña escrita por Máximo Gómez "es el modo en que muestra la simbiosis del mambí con la manigua o, si se quiere, con el espacio donde el luchador aprende a ser mambí desplegando todas las artes de la sobrevivencia. (…) El mambí tomó posesión de la manigua y esta se convirtió en una extensión de sus sentidos y su inteligencia".

Las hostiles condiciones de vida en las montañas y la ayuda imprescindible de sus habitantes es uno de los tópicos que ocupan al menos dos tercios del filme. Comer caracoles y lagartos, beber agua del río o de los curujeyes, arrancar la cabeza al ave acabada de cazar para sorber la sangre caliente, son estrategias de la barbarie en medio de la guerra para no morir de hambre, de frío o de fiebre. La estructura acumulativa que se diseña con estas escenas no llega a crear clímax dramáticos, pero actúa como preámbulo narrativo para la exhibición de la heroicidad épica. Desgajadas de cualquier emoción y presentadas con el fin de informarnos sobre los avatares vividos en la manigua, las imágenes operan como repertorio de las dificultades que serán salvadas por el héroe.

En sus Crónicas de la guerra, José Miró Argenter, escritor testigo de las campañas del 95, describía la resistencia de las milicias mambisas: "La infantería cubana ha hecho caminatas asombrosas, cosa que hoy parece fábula; ha caminado de un crepúsculo al otro crepúsculo doce y catorce leguas de un solo tirón, y ha visto el nuevo orto sin haber pegado los ojos ni dado fin al andar; ¡siempre caminando, monte tras monte, vereda tras vereda, subidero tras subidero…!" Pareciera que Fraga hubiera querido crear una imagen semejante a la de Miró del cansancio y la resistencia, a través de secuencias donde los expedicionarios y luego el General José aislado, avanzan por entre la maleza.

José Maceo apenas reposa, es Flor Crombet quien se rezaga y agota, actitud sobre la que pesará después su muerte y la captura de su cuerpo por los españoles, según insinúa el filme. El héroe nunca se detiene, parece poseer recursos sobrehumanos; "yo vivo sin comer", le dice a una campesina que insiste en que se alimente y descanse. Conocido como el León de Oriente, el General era una figura polémica por su carácter pero admirada por su valor y es esta la plataforma desde la que se caracteriza. Si héroe se define en su primera acepción como "varón ilustre y famoso por sus hazañas o virtudes", en la película se sobredimensiona su capacidad de resistencia y su voluntad.

El retrato de José Maceo, inscrito en ese marco de excepcionalidad, por momentos pretende oscilar entre la expresión marmórea y la naturalización. Los primeros planos sobre el rostro del actor Miguel Benavides, con la mirada inmutable de la efigie, insisten en la solemnidad de la figura. Sus parlamentos no son menos graves: "salgo a buscar al resto de los compañeros, el que quiera venir que me siga", "¿no es mejor morir peleando en el camino y no de hambre aquí en el monte?" Otros personajes dudan, lloran, temen, en un contrapunto demasiado explícito con el protagonista, para hacer resaltar su condición épica.

Esta heroicidad espartana que define al jefe mambí pertenece a las crónicas del siglo XIX y queda consagrada en la frase "morir por la patria es vivir" o en el grito de "independencia o muerte". Sin embargo, el perfil ejemplar trata de compensarse con rasgos o eventos que lo humanizan, como su conocido tartamudeo en momentos de exaltación, el hambre, el frío, la exposición a la lluvia, el sol, los insectos y las alucinaciones sufridas en el aislamiento. José queda completamente solo después de la emboscada que dispersa al grupo y es ahí donde comienza la odisea del hombre, la prueba de su vulnerabilidad y de sus fuerzas para sortearla.

El mestizaje del General José y el vigor, la pasión, que arquetípicamente se le atribuyen son apuntados por la música. Desde el inicio, los créditos se desplazan acompañados por los tambores batá que van aumentando el ritmo del toque hasta detenerse para dar paso al sonido de los disparos. Los batá vuelven a escucharse cuando el personaje decide ir a buscar a su hermano Antonio, más tarde para señalar un momento crítico que lleva al hombre a imaginar que es perseguido por una tropa enemiga y cierran el filme, cuando el campesino, inspirado por el héroe, decide avanzar hacia donde se encuentran las tropas mambisas. El recurso de la música no solo como filtro emocional, sino como enunciado enfático, es utilizado para acotar la acción y la movilización en pos de la guerra.

En la Regla de Ocha, Changó es dueño de los tambores batá y su fuerza viril acompaña simbólicamente a los guerreros, por lo que aquí, podemos colegir, se emplean para destacar la determinación y el coraje bajo el amparo del orisha. La inferencia no es fútil, si tenemos en cuenta que la reivindicación racial en los primeros años de la revolución se apoya en la visibilización de la herencia cultural africana. Por otra parte, Máximo Gómez menciona cómo Martí consideraba a José Maceo un hombre "escogido por el Dios de la Guerra". Si bien en Occidente el dios de la guerra al que Martí hace referencia es Ares o Marte, la percusión rítmica y enérgica, vigorosa, nos sitúa dentro de un referente cultural más amplio. Podría también asociarse José Maceo a Oggún, orisha guerrero, implacable con sus enemigos y conocedor del monte. Al héroe mestizo se le reasigna un vínculo cultural con sus ancestros y un estado de exacerbación ritual que en términos de representación simbólica se empalman con su beligerancia y su irreverencia.

A pesar de los intentos por acercarnos a su dimensión humana, predomina en el diseño del General José su condición de figura mítica, fuente de inspiración para el campesino que, aun cuando es veterano de la guerra chiquita, no cree posible la victoria y se repliega en la pasividad. Sin descubrir la identidad del protagonista, el hombre que lo ampara comenta:

Usted no se imagina lo que era pelear bajo las órdenes de José Maceo, ¡qué mulato ese!, ¡mi madre!, ¡había que seguirlo! Él no andaba creyendo que fuera General, siempre iba el primero en el combate, decía que las balas que tiraban los españoles eran balas de algodón, (ríe) y la gente le tenía terror. (…) todos los hombres son buenos y son malos. El general José lo que era un hombre violento, fiero. No había quien le dijera ni jí. Por cualquier cosa, coño, sacaba el acero y no andaba respetando nombre, ni jerarquía, ni na de eso. Pobrecito el hombre que cometiera una falta. Na, pero enseguida se le olvidaba, no le guardaba rencor a nadie. Lo que sí era muy testarudo y muy dominante, dicen que en la otra guerra nada más le hacía caso a su hermano, el General Antonio, ¡y eso algunas veces! (ríe) Pero era noble, era muy noble.

Según el retrato evocado por el campesino, los mayores defectos de José Maceo, si es que en estos contextos discursivos de celebración de la masculinidad marcial su enunciación podía ser la de una falta, eran la ferocidad y la incapacidad para someterse a las órdenes de otros. La violencia y la desobediencia como pruebas de una personalidad única entre los caudillos de la guerra del 95, le ganaban simpatías al hombre que recibió diecinueve heridas de guerra y participó en más de quinientos combates.

Como el propio Odiseo de regreso a Ítaca, el General no es reconocido por el campesino hasta más tarde. Esto tendrá una funcionalidad dramática a partir del reconocimiento o anagnórisis del hombre en el que habrá de despertar el ardor patriótico. En términos clásicos la anagnórisis debía promover una transformación. En este caso, el cambio se opera en el hombre humilde. El campesino clama ya sin que pueda ser escuchado: "¿No se acuerda de la Loma de la Doncella, que macheteamos a la gente del Coronel Puyón? Yo soy el Sargento Juan Alpazón, yo caí herido allí, miré. ¿Por qué no me dijo antes su nombre General José?" El autorreconocimiento como mambí, hombre de armas, y la vergüenza, sacan al veterano del marasmo.

Para Fraga, este hombre podía ilustrar la reticencia del campesinado latinoamericano a involucrarse en las guerras de liberación, tal y como había acontecido durante la campaña del Che en Bolivia. En el filme quería dejar planteada la hipótesis de que una vanguardia revolucionaria podía movilizar a los campesinos, aunque en las circunstancias del siglo XX este proceso fuera más difícil y demorado. Recordemos además que la "nociva inacción" de los hombres cuando la obra revolucionaria convocaba, era un tópico político de la década de los sesenta en Cuba. Era necesaria la integración del sector rural, así como de todos los sectores, al proyecto de nación que se articulaba bajo el signo de las tareas colosales (en la década siguiente vendrán la zafra de los diez millones, las guerras en África) y de una sostenida batalla ideológica. Al público debía quedarle claro el llamado que significaba el final de la película. Juan Alpazón se aleja caminando en la misma dirección que el líder y se pierde entre los árboles, mientras la imagen se disuelve en negro.

La proximidad entre la guerra de independencia contra la metrópoli española (llamada por sus participantes guerra revolucionaria) y la lucha armada en la Sierra Maestra, queda implícita en un relato cuyos escenarios –las montañas orientales, los ríos y los trillos, los bohíos campesinos- sirven de trasfondo para la fantasía de la identidad histórica. El paralelo entre el desembarco de la goleta Honor por Duaba y el desembarco del Granma, la dispersión de las tropas, el liderazgo posterior de los hermanos (Antonio y José Maceo, Fidel y Raúl Castro), contribuyen a la creación de una especie de mitologema derivado de las guerras patrias, que mora en los sustratos narrativos o intertextos culturales no expuestos pero subyacentes en la película.

Según Walter Benjamin, el pasado como verdad es irrecuperable, más cuando el progreso acude a su descomposición para avanzar irremediablemente. El ángel de la historia es el símbolo que construye para explicar esa experiencia de la certidumbre inasible. Con los ojos abiertos, las alas extendidas y el rostro vuelto hacia el pasado, solo ve ruinas. Una fuerza huracanada lo empuja hacia el futuro y le impide reconstruir lo desecho. Contrario a este principio aunque sumido en él, la memoria estructurante del pasado –diferente a la historia, sujeta a la versatilidad del recuerdo□ opera como un síntoma e informa sobre su lugar de enunciación. La verdad histórica se cambia por la imaginación histórica y puede ser, en ese sentido, reelaborada de acuerdo a las demandas de un tiempo dado.

Los cineastas cubanos en 1968 no eran ajenos al contexto ni al poder político que experimentaba la necesidad de reanimar la fe en las revoluciones y en el paradigma de lo heroico. La borradura de las diferencias temporales para reclamar una experiencia identitaria basada en la lucha armada, la oposición al enemigo, la resistencia, la inflexibilidad y el sacrificio, era una operación que en el contexto conmemorativo debía administrar el respaldo político y la movilización social. La odisea del general José es, en este sentido, un registro de época. Jorge Fraga imprimió, desde el discurso audiovisual, las trazas de una reparación memorística que, en distintos soportes, buscaba contribuir al relato que debía desagraviar la "nación inconclusa". Una reescritura de la memoria que reclamaba la reconstrucción monumental de la isla.

Tres filmes unidos por hilos invisibles

Carlos Alberto Castro

En la década del 1960, del siglo pasado, el planeta se encontraba en plena guerra fría, con crisis políticas en todo el mundo. El clímax de estas crisis se daría en 1968 con tres eventos: las protestas de mayo en París, la masacre en la plaza de Tlatelolco en México, y la represión de la Primavera de Praga por parte de la Unión Soviética.

En aquel año límite, Cuba vivía sus primeros años revolucionarios que experimentaba, en toda su gravedad, el compromiso entre pensamiento y acción. Junto a los factores ya mencionados, la percepción de la creciente amenaza de Estados Unidos, la presión migratoria, los efectos acumulados del bloqueo económico y el insuficiente resultado de los grandes planes económicos, agravaban la escasez e incrementaban sus secuelas indeseables. La isla acompañada solo por intelectuales progresistas y movimientos de izquierda sentía la necesidad de mantenerse fiel al camino elegido como clave para la aglutinación del consenso revolucionario. Ese consenso incluía como valor político central el principio de la igualdad y la justicia social.

No existe un año más provocador y revolucionario en la historia del cine que 1968. Para muchos estudiosos del cine cubano, en la década del sesenta del siglo XX, el cine nacional, como los restantes del mundo, gestó su propia revolución. Fue un periodo de búsqueda y experimentación.

¨Para desarrollar la sociedad tenemos que ejercer la crítica. Muy importante operar críticamente sobre la realidad. Pero al mismo tiempo no podemos olvidar que estamos rodeados de enemigos, y por lo tanto, tenemos que afirmar nuestra realidad".

Tomás Gutiérrez Alea

Se debe recordar que el cine es un medio de expresión artística en el cual se comunican emociones e ideas que llegan a las masas populares a través de narraciones que, en su mayoría, le llegan al espectador con una elevada carga de sentimiento de identificación, pues se puede ver el reflejo de la historia, o la vida cotidiana, que está conformado por medio de códigos y de costumbres del país al que pertenezcan.

Su lenguaje evoluciona acorde al tiempo, provocando así una mayor libertad de expresión en cuanto al contenido narrativo y a las imágenes, estimulando a que alcance una amplia visión del mundo y de esa manera pueda transformarlo según la ideología de quien lo transmite.

El cine es un instrumento social y el cineasta es una persona con la responsabilidad de usarlo en beneficio de su gente. El cine es un objeto artístico que, además de proporcionar placer estético, sirve al espectador como medio de percepción y análisis de la realidad, llegando, incluso, a definirse a partir de su función social. En el caso del cine cubano, se evidencia su evolución hacia una propuesta cinematográfica cada vez más revolucionaria, que ha jugado, y juega, un papel fundamental en la educación y mejoramiento de la sociedad cubana, con la finalidad de fortalecer la identidad cultural de la isla.

Con la fundación del ICAIC se produce el nacimiento de una cinematografía de nuevo carácter, sin precedentes ni tradiciones, en medio de una realidad extraordinariamente rica en hechos y circunstancias, lo que significó un reto para los nuevos directores de cine que, con una mirada nueva y gran libertad creativa, enfrentaron temas que aparecían por primera vez con un espectro amplio y diverso.

Desde sus inicios, el Instituto Cubano de Arte e Industria Cinematográficos reseña, a través de sus producciones, los cambios operados en el país, evaluándolos, polemizando con ellos, reflejando dignamente el pasado y el presente, rompiendo tabúes y proponiendo soluciones a los conflictos más disímiles.

En el desarrollo del cine cubano posterior al 1959, cada década ha tenido su significación como ente propio de la vida del hombre, siendo reflejo de su historia, cultura e identidad.

Los más disímiles temas son tratados en los filmes de esta etapa, desde los más relevantes sucesos de nuestra historia, hasta la problemática social y el diario devenir del cubano más humilde, que se veía retratado en el celuloide, sobre todo en el documental, que por razones económicas, estratégicas e incluso políticas, fue el género más beneficiado por el ICAIC en estos primeros años. Un bosquejo estadístico revela que, durante este corto periodo de 365 días, el ICAIC produjo cinco largos de ficción y 32 documentales, realizado por directores cubanos. Tal fue el éxito alcanzado por el documental y tanto su influjo, que podría decirse que la mayor influencia que recibe el cine de ficción en su etapa de consolidación proviene de estos documentales con una marcada intención artística.

Tres filmes que llegan al espectador durante el 1968, y de directores diferentes, quedan unidos por hilos invisibles entretejidos gracias a una ironía blanquecina, escudada en una crítica aguda, que desde sus concepciones vanguardistas, representaban la forma corpórea de una necesidad de cambio social e individual, sugerida por sus creadores, y que emergía producto de la complicada situación que vivía Cuba, y el mundo, en aquel entonces. Estos filmes son: *Lucía* (Humberto Solás), *Memorias del subdesarrollo* (Tomás Gutiérrez Alea) y *Coffe Arábiga* (Nicolás Guillén Landrián). Puras sugerencias para resolver situaciones que se enmarcaban en ese contexto histórico y venían de un profundo análisis que cada artista realizara de la realidad.

Si iniciáramos nuestro recorrido analítico con la cinta *Lucías* qué pudiéramos encontrar. Con una profunda, e inteligente lectura, el filme relata cómo arrastradas por la pasión amorosa fuera del claustro del hogar, las Lucías se exponen a la intemperie de la historia, ante vientos que desgarran sus vidas íntimas y arrasan sus idilios, pero al mismo tiempo, las convierten en seres reales, en la medida en que las liberan no solo de sus roles ancestrales, sino de sus propias alienaciones, creencias y valores aprendidos. Al costo de perder todo lo que tienen, no así en el happy end de la Lucía obrera de los años sesenta. Cada una deja de ser criaturas frágiles para encontrarse a sí mismas en el fondo de la desgracia, y sacar fuerzas para seguir adelante sin el apoyo del varón, frustradas en sus ilusiones, pero reales y actuantes en su conducta vital. Las miradas que las tres mujeres les dirigen al espectador al final de cada cuento reflejan los costos y dolores reales de esa transformación. Leído desde aquel contexto histórico y cultural, el filme de Solás podría arrojar al menos dos lecciones. La primera es que el precio de la libertad y la igualdad resulta ser muy alto; la segunda es que no hay que esperar que las transformaciones nos lleguen de afuera o de arriba, sino solo de nosotros mismos. Lecciones que rompen con la inercia y la pereza ante el cambio necesario y prudente que se fraguaba en la década del 60 del siglo XX en Cuba.

Memorias del subdesarrollo, para muchos, es una película compleja por el mero hecho de ser simple. Narra hechos cotidianos e irrelevantes que se vuelven históricos y trascendentales por haber formado parte de una época y un lugar que sufría una serie de cambios muy específicos gracias a la revolución. Esto hace que la vida del protagonista se vuelva un reflejo de la sociedad cubana de la época, principalmente la de su círculo, por supuesto. Aunque seduce ante todos por su vigencia, tanto para Cuba como para América Latina y el mundo, y queda sustentada desde la célebre expresión que el protagonista Sergio Carmona pronuncia al observa la ciudad desde un telescopio: "Aquí todo sigue igual". El problema de un personaje como Sergio, desde el punto de vista de los nuevos valores, no es su actitud inconforme hacia el antiguo régimen y hacia la Revolución, ni la naturaleza corrosiva de sus disquisiciones sobre los rezagos, alienaciones y prejuicios que perviven en la cultura popular, ni siquiera la sofisticación de sus divagaciones intelectuales, sus gustos refinados y alta cultura, ni desde luego, su clase social, sino su falta de conexión real con esa realidad, su mirada telescópica al margen de los acontecimientos, su desencanto y pasividad carentes de todo compromiso, su manera contemplativa de colocarse ante los problemas, revelada en una lucidez totalmente estéril. En contraste con la exactitud de muchos de sus juicios, su discurso padece un déficit de legitimidad fundamental en los términos de aquella cultura: no toma partido ni hace nada por cambiar el mundo. A lo largo del filme, la condición fantasmal de su vida y actos no hace sino agudizarse; al final, Sergio es solo una voz y unos ojos que miran sin ver ni entender, pues simplemente ha dejado de existir. Es el arquetipo del *hombre viejo*.

Y el caso de su mejor amigo, Pablo, que como incrédulo, siga fijando su mirada hacia el Norte en espera de algún mesías que le garantice un cambio mucho más beneficioso. Posición hoy que adopta individuos, sociedades, y gobiernos latinoamericanos.

Aunque no tuvo el impacto de público que acogió a *Lucía*, la obra de Alea, cuya lectura actual correspondería, como es natural, a un entorno sociocultural e ideológico radicalmente diferente, ilustra enseñanzas claras y definidas con garantías del trazado de un derrotero con un final feliz para aquellos que se aventuran a su recorrido. Y nos lleva a pensar en que una revolución por sí sola no cambia las condiciones de una sociedad; es necesario un cambio de mentalidad en los individuos; la conciencia de que el cambio estructural de una sociedad es trabajo de todos; ese cambio sólo es posible en la medida que cada individuo se apropie de sus derechos, pero también de sus deberes.

Y en *Coffe Arábiga*, se descubre una postmodernidad anticipada, o una adelantada postura contestataria y corrosiva irreverencia, lo que le provoca a su realizador una invisibilidad errada…pues desde su posición, fresco, lozano y desafiante, propone una obra donde las lecturas pueden variar según lo que cada cual necesita encontrar.

Bastó emplear dos importantes ingredientes, el humor y la ironía, para exponer su visión sobre una actividad percibida por él como irracional, articulada en un discurso agridulce rociado sobre temas tan polémicos como la esclavitud, la religión, el voluntarismo, la negritud, la alienación, la pobreza, el modo de producción, la masificación, el liderazgo…Y así, deja margen al beneficio de la duda. Con los recursos más convencionales del género documental y apoyado con un diseño sonoro desacostumbrado, redondea el lenguaje e Intuye que Revolución significa transformar, cambiar lo que debe ser cambiado, y que sus decisores no son infalibles. Enseñanza que nos han llegado a través de la experiencia vivida en una Cuba que se dibuja por si sola. Realmente critica pero expone, al mismo tiempo, una necesidad de búsqueda y autoanálisis para la corrección.

En fin, y sin duda alguna, considero que estos tres filmes con sus lecciones, que para algunos tal vez las puedan encontrar entre líneas, estimularon a que la Revolución entrara en una aceleración insólita. Cada una de ellas, favorecía que una gran masa de hombres y mujeres revolucionarios se lanzaran detrás de un futuro en el que creían. Y, por qué no, pudiéramos creer que de estas cintas se derivaron dinámicas que transformarían el socialismo cubano en los próximos años.

Como cubanos, y comprometidos con la patria, Alea, Solás y Landrián expresaron sus preocupaciones a través de una necesidad imperiosa para todos: reflexionar sobre los problemas propios del individuo, Cuba y la macro región. Formaban parte de un movimiento que le apostó a la problematización de ideas y conflictos desde el arte siempre en pro de una búsqueda sana y justa para todo y todos.
Y así, el 1968 un año teñido de un color tan abarcador, intenso y dramático, no volvería a darse después. Nunca más imperaría en toda la sociedad cubana aquel rojo desafiante, sin tregua ni medias tintas, desmesurado, duro, trágico, brillante, pero instructivo y alentador.

Claves para 1968

Arturo Arango

Para la historia y la cultura cubanas, 1968 fue un año cumbre. Alcanzar un punto de máxima altura supone la existencia de una ladera para el ascenso y otra para el descenso. La creatividad estimulada por el triunfo revolucionario llegaba a su cúspide al tiempo que otros sucesos conducían hacia zonas diferentes, incluso paralizantes, para el arte y la literatura, y para las ciencias sociales.

Mientras los acontecimientos de mayo en París, de agosto en Praga o de octubre en la Ciudad de México sorprendían a la humanidad en direcciones encontradas (la Ciudad Luz contagiada por el espíritu revolucionario, iconoclasta, que llegaba desde países periféricos; la Primavera de Praga sometida por los tanques soviéticos; el gobierno del PRI, el único de la América Latina que no cedió a las presiones de los Estados Unidos y la OEA contra Cuba, masacraba estudiantes), en la Isla también se cruzaban fuerzas contradictorias.

La tendencia que concibió el socialismo como un movimiento fundamentalmente emancipador, humanista y en oposición a las estructuras coloniales y neocoloniales que dominaron la América Latina y, en una visión más general, el ámbito reconocido entonces como el Tercer Mundo, chocaba con aquella otra que colocaba los partidos comunistas en la órbita de la hegemonía soviética, incluyendo sus conocidas restricciones al pensamiento crítico y su intención de que los Estados socialistas, ante todo, desarrollaran sus economías en competencia con el capitalismo occidental, y bajo el mandato de Estados centralizados y desprovistos ya de toda forma de poder auténticamente popular.

La necesidad de comprender que en el proceso revolucionario cubano la elección del socialismo no era impuesta por una potencia extranjera sino que resultaba imprescindible para sostener la independencia nacional, y establecer la equidad y la justicia social, tuvo a la luz del centenario del alzamiento de Carlos Manuel de Céspedes en La Demajagua, de Manzanillo, un momento ejemplar. Desde mucho antes del 10 de octubre de 1968, se prepararon revistas, libros, coloquios, homenajes, destinados a releer la historia de Cuba y a indagar en sus enlaces con la gesta independentista del resto del Continente.

Con el asesinato de Ernesto Guevara, en octubre de 1967, comenzaba la parálisis de esa opción que el mismo Che había enunciado años atrás: crear dos, tres, muchos Vietnam. La expansión por la América Latina de un modelo de socialismo que no fuera calco del europeo sino que se potenciara con los procesos históricos, independentistas, del Continente, con el pensamiento social acumulado en la región durante, al menos, dos siglos, y además con las singularidades de esas zonas culturales diferentes entre sí que Darcy Ribeiro había descrito, fue perdiendo sustento.

El enfrentamiento entre estas dos tendencias políticas está recogido en *Memorias del subdesarrollo.* En el guion, se apunta: "Se trata de una mesa redonda en la que se discute sobre la literatura y el subdesarrollo, poniendo el acento en este último, con cifras, etc.".[42] Lo filmado es mucho más rico: el escritor italiano Gianni Toti defiende el marxismo-leninismo ortodoxo: la contradicción es entre el proletariado y la burguesía, dice. El argentino David Viñas se le opone: si la guerra es la máxima expresión de la lucha de clases, no hay mayor conflicto contemporáneo que el de Vietnam. La gran oposición es la que se establece entre países ricos y colonialistas y países pobres y secularmente colonizados.

Al leer hoy los documentos generados por el Congreso Cultural de La Habana, realizado en enero de 1968, resulta evidente que fue preparado para circunstancias que habían comenzado a desaparecer. Rafael Acosta de Arriba, que ha investigado el tema, informa que asistieron "quinientos intelectuales de setenta países, en su mayoría socialistas, guevaristas, maoístas, trotskistas, situacionistas, católicos

---

[42] Edmundo Desnoes y Tomás Gutiérrez Alea: "Páginas de un diario", guion para *Memorias del subdesarrollo,* La Habana, Ed. ICAIC, Col. Guion Cubano, 2017, p. 100.

revolucionarios e intelectuales de la denominada Nueva Izquierda y una mínima representación de los países del llamado campo socialista".[43] Fernando Martínez Heredia, en 2007, lo calificó como un "gran Congreso […] que ha sido concienzudamente olvidado".[44] Y Ambrosio Fornet asegura que en el Seminario Preparatorio del Congreso, en 1967, "se puso de manifiesto que gran parte de nuestra intelectualidad estaba elaborando, desde posiciones martianas y marxistas, un pensamiento descolonizador, más ligado a nuestra realidad y a los problemas del Tercer Mundo que a las corrientes ideológicas eurocéntricas de ambos lados del Atlántico".[45]

Pero 1968 puede ser recordado también por la publicación, en la revista *Verde Olivo,* de la serie de artículos firmados bajo el seudónimo de Leopoldo Ávila, con duros ataques contra autores o tendencias estéticas. O por libros que, en algunos casos antes de ver la luz, serían objeto de censura o de críticas de marcado sesgo político Señaladamente: *Fuera del juego,* de Heberto Padilla; *Los siete contra Tebas,* de Antón Arrufat; *Condenados de Condado,* de Norberto Fuentes; *Los pasos en la hierba,* de Eduardo Heras León; *Paradiso,* de José Lezama Lima, y *Lenguaje de mudos,* de Delfín Prats. Todos estos autores, junto a decenas más, luego de 1971 fueron excluidos del espacio público. Lo que se anunciaba en este año se consolidó a partir del 1er Congreso de Educación y Cultura, cuando la tendencia más dogmática dentro de la Revolución se afianzó con el poder en las esferas de la ideología y la cultura.

El intelectual alerta y comprometido (en el sentido que la palabra alcanzó en aquellos años) que fue Tomás Gutiérrez Alea, en carta del 30 de agosto de ese mismo 68, cuenta al director de fotografía Ramón Suárez las repercusiones del estreno de *Memorias del subdesarrollo:* en la segunda semana todavía hay colas y,

---

[43] Daniel Céspedes: "Las ideas que seducen. Diálogo con Rafael Acosta de Arriba", *La Gaceta de Cuba,* n. 5, septiembre-octubre de 2017, p. 43.

[44] Fernando Martínez Heredia: "Pensamiento social y política de la Revolución", en *La política cultural de la Revolución Cubana,* La Habana, Centro Teórico Cultural Criterios, 2007, p. 138.

[45] Ambrosio Fornet: "El Quinquenio Gris: revisitando el término", en *La política cultural de la Revolución Cubana,* p. 27.

"lejos de lo que esperábamos, la película no resulta tan polémica ni nada de eso", aunque "ha encontrado algunos enemigos irritados (interesantes e importantes), lo cual me tranquiliza un poco con mi conciencia".[46] Antes, al presentar el filme en el Festival de Karlovy Vary (o sea, en la Checoslovaquia socialista y todavía no invadida por las tropas del Tratado de Varsovia), tenía el cuidado de explicar a la audiencia que "Hoy nuestra Revolución no pretende presentar una imagen de abundancia y mucho menos de lujo. Los valores de la Revolución no son los automóviles y los aires acondicionados, sino el hombre que lucha porque ha alcanzado un alto grado de conciencia, porque sabe que la única manera de ser libre, de salir de la explotación y del atraso es redoblando sus esfuerzos." Por eso, era necesario afirmar la "conciencia del subdesarrollo" como "premisa indispensable para construir la sociedad que queremos construir, sobre bases firmes, sin mentiras, sin engaños, sin mistificaciones".[47]

Algunos de los signos que caracterizan este año crucial están presentes en las tres películas emblemáticas que se estrenaron: *Memorias del subdesarrollo, Lucía* y *Aventuras de Juan Quin Quin,* así como en *La primera carga al machete,* de 1969. En esta última, da pie a la singular revisión de ese instante decisivo de las batallas entre el naciente ejército mambí y las tropas españolas, ocurrido semanas después del inicio de la insurrección. Manuel Octavio Gómez y su equipo de realización simulan un documental, digamos, imposible (con recursos inexistentes hasta fines del siglo XIX) para que fueran los protagonistas quienes explicaran al espectador las razones que hicieron ineludible la opción independentista, a la vez que, a tono con los tiempos que corrían, debatieran sobre la legitimidad de la lucha armada (y de acciones de extrema violencia, como el uso del machete).

En *Aventuras de Juan Quin Quin,* el arco de trasformación de los personajes principales está sustentado por el enfrentamiento sistemático con el poder y sus efectos devastadores, a la vez que se alimenta de la cultura popular. La película es,

---

[46] En *Volver sobre mis pasos,* Madrid, Ediciones Autor, 2007, p. 175.
[47] En *Alea, una retrospectiva crítica,* La Habana, Ed. Letras Cubanas, 1987, p. 89-90.

a un tiempo, profundamente política y desacralizadora, como lo era la Revolución cubana en esos años.

La relectura de la historia de Cuba es central en *Lucía,* estructurada en tres episodios que suceden en momentos de alta tensión revolucionaria: de nuevo, la guerra del 68, la lucha antimachadista y los iniciales 1960. Lo que hoy llamaríamos el "discurso de género" permite extender el conflicto que enlaza los tres cuentos más allá de 1959. Su tercer episodio nos advierte que las trasformaciones más profundas en la sociedad, los cambios en los comportamientos humanos son más difíciles una vez alcanzado el relativo equilibrio que ofrece la paz.

Ese es, justamente, una de las líneas de sentido que atraviesan *Memorias del subdesarrollo.* La sociedad cubana en trasformación, acosada por el gobierno de los Estados Unidos, es mirada, evaluada, por alguien que es incapaz de integrarse al proceso de cambios radicales, pero que, al mismo tiempo, desprecia a aquellos que fueron sus compañeros de clase.

Las tres que aquí se revisan, cada una a su manera, indagan en los efectos que una revolución ejerce sobre las personas, y en la manera como el subdesarrollo condiciona, limita, en ocasiones incluso profundiza, el alcance de los propósitos fundacionales.

La mejor evidencia de lo que fue la década inicial de la Revolución es la extraordinaria vitalidad de la cultura cubana, cuyos gestores mostraron, fundamentalmente entre 1967 y 1968, una mezcla inusual de madurez, trasgresión y coherencia. El cine es, por las complejidades de su realización, la rama donde ello fue aún más palpable. A nueve años de fundado, ya el ICAIC estaba produciendo películas que, al paso del tiempo, continuamos admirando como clásicas.

En entrevista con Magdiel Aspillaga, Julio García-Espinosa dice:

Las cuatro son totalmente distintas, las cuatro son tan diferentes que se pueden ver retratadas en ellas cuatro individualidades. La gran proyección del concepto de conciliar vanguardia política y vanguardia artística es que, cuando uno desarrolla su individualidad, no está ajeno a una base común. Todo individuo, aun el que se declara apolítico, aun el que se declara exclusivamente esteta, está identificado con una base común, con posiciones similares que tienen determinados sectores.

Para García-Espinosa, "[su] individualidad se enriquecía en la medida en que sentía que formaba parte de un sector, de una comunidad con la cual estaba identificado".[48]

Me aventuro a asegurar que el sector, la comunidad a que se refiere García-Espinosa puede entenderse en una dimensión más amplia: la Cuba en revolución, o en una más específica: el conjunto de cineastas nucleados en el ICAIC. El Instituto fue en esas décadas mucho más que una productora de cine. Se convirtió en un centro donde se pensaron la política cultural y opciones para el arte en las circunstancias de Cuba. No fue, como a veces se ha presentado, un universo paradisíaco. Los documentos publicados por Alfredo Guevara en varios volúmenes, o de Gutiérrez Alea compilados por Mirtha Ibarra, sacan a la luz contradicciones entre los principales pensadores que pertenecieron a la institución. Pero en las obras creadas está la huella visible de todos ellos. La energía acumulada por el ICAIC durante los 60 del pasado siglo fue suficiente para atravesar los duros 70 sin perder su carácter original, y para renovarse en el segundo lustro de los 80.

En cuanto a las búsquedas estéticas, García-Espinosa y Gutiérrez Alea acuden a Bertolt Brecht y lo reactivan, de maneras distintas. También, por otra vía, es el camino que elige Manuel Octavio Gómez. En *Aventuras...* se cumple el principio brechtiano de que el arte tiene la obligación de divertir, sin renunciar al compromiso de hacer pensar, dudar a sus receptores. Es una película de aventuras, donde predomina la acción física, pero donde el hilo narrativo se rompe, la trama se organiza por episodios, y un narrador analiza, desde la distancia crítica, los acontecimientos que viven Juan Quinquín y Jachero. En *Memorias...,* también

---

[48] Julio García-Espinosa: *Aventuras de Juan Quin Quin,* La Habana, Ediciones ICAIC, Col. Guion Cubano, 2014, p. 174-175.

estructurada por episodios, la dramaticidad se opaca para modular la identificación del receptor, y la voz crítica, irónica, angustiada del Sergio diseñado por Edmundo Desnoes va meditando sobre ese nuevo contexto que lo rechaza, y permite la entrada al discurso de otros textos: carteles que dan cuenta de las tensiones militares, reflexiones tomadas de otros autores (como el argentino León Rozitchner), la comparecencia de Fidel Castro en televisión durante la Crisis de Octubre…

El cine cubano de los 60, y en especial estas tres películas, están dibujando un rostro de la nación hasta entonces inédito en las pantallas. En una operación en que se aunaba la descolonización y la reafirmación de la identidad, el cine abrió espacios al habla popular cubana, proyectada con acento propio, en el que los espectadores podían reconocerse. Pero ese rostro, además de la voz, incluía una imagen en que estuvo la crudeza de las guerras, la fealdad de la miseria y del desamparo, la dignidad de aquellos que se reconocían "pobres pero decentes", la mezcla impura de la cotidianidad callejera.

Han pasado cinco décadas desde los estrenos de estas películas y volver a ellas es, primero, un acto de justicia. Pero esta revisitación implica además analizar las claves de una época con la perspectiva del presente. La realidad se ha encargado de enseñarnos, con insistencia, que los procesos históricos no son lineales. Estamos inmersos en un mundo muy distinto de aquel en que realizaron su obra los fundadores del ICAIC. La fragmentación, el desencanto, la desconfianza y una violencia descarnada prevalecen junto a nuevas pretensiones de colonización cultural. En estas circunstancias, diametralmente opuestas a las de 1968, las *Aventuras de Juan Quin Quin, Lucía* y *Memorias del subdesarrollo* todavía conservan su capacidad de provocación. Veámoslas de otra manera y aprovechemos lo que siguen aportándonos.

* Prólogo a la compilación de textos sobre *Memorias del subdesarrollo, Lucía* y *Aventuras de Juan Quin Quin,* preparada por Luciano Castillo y Mario Naito, en proceso de publicación por Ediciones ICAIC.

Los múltiples rostros de Lucía

Karina Paz Ernand

El triunfo de la Revolución Cubana en 1959 trajo consigo un proceso de profundos cambios en la esfera económica, social y cultural del país. Se inicia entonces una etapa fundamental para el desarrollo del cine cubano, a partir de la fundación del Instituto Cubano del Arte e Industria Cinematográficos (ICAIC), creado en marzo de 1959 por la primera ley del nuevo gobierno revolucionario para el área de la cultura.

La naciente industria cinematográfica, inspirada por la necesidad de registrar todos los cambios que ocurrían en el país, propició que tanto la ficción como el documental se convirtieran en testigos y representantes de las enormes transformaciones que se sucedían a diario en Cuba. Intentando alejarse del estilo hollywoodense de mero entretenimiento, e influenciado por los postulados de las corrientes cinematográficas del momento (Neorrealismo Italiano, Cinema Novo brasileño…) y el nacimiento de las cinematografías nacionales en América Latina, el nuevo cine cubano buscaba el rescate de su identidad nacional y la invitación a la reflexión.

De ahí que el cine se convirtiera en el medio ideal para plasmar la búsqueda del "Hombre Nuevo" (término englobador desde el punto de vista lingüístico y genérico). En una época signada por las ansias de transformación y ruptura de barreras sociales (movimientos feministas, raciales, etc.), la Revolución Cubana proponía un modelo que pretendía dar respuesta a tales demandas. Es por ello que uno de sus principales objetivos era la emancipación de la mujer y su integración al proceso revolucionario, por lo que cine cubano realizado en los ´60 y ´70, ha sido visto en muchas ocasiones como un cine "pro-mujeres" o "pro-liberación femenina". Aunque algunos autores intentan catalogarlo como "adherido a las demandas feministas", lo cierto es que la mayoría de los directores de la etapa no poseían suficientes conocimientos o conciencia al respecto. Más bien podría decirse que se encontraban imbuidos, de manera general, en los ánimos de renovación e inclusión que emanaban del naciente proceso político que se gestaba en la isla.

Aunque sin desestimar las indiscutibles reflexiones que desde el audiovisual se proponían con respecto al tratamiento del personaje femenino, vale destacar que los planteos progresistas que eran postulados desde el discurso textual no siempre encontraban un correlato similar en el discurso visual. Justo ahí radica la tesis de este análisis: a pesar del cambio político y las transformaciones sociales, el componente cultural de marcado carácter patriarcal, subyace en estas producciones, traducido en la construcción de los personajes, las soluciones dramatúrgicas a los conflictos planteados en cada historia, así como en el empleo de los recursos del lenguaje cinematográfico.

Los directores de cine de la época, a pesar de intentar sumarse (de manera honesta, sin duda alguna) a las exigencias de la nueva Cuba que se gestaba, eran, a fin de cuentas, sujetos devenidos constructos culturales que reproducían en sus obras, de manera inconsciente, un orden de género plagado de estereotipos "dictados" por la sociedad patriarcal. Y es que las transformaciones psicológicas y sociales no se producen de la noche a la mañana, aunque intenten ser compelidas por los procesos políticos. Nuestros arraigos y aprendizajes culturales se aferran a nosotros, más allá –incluso- de nuestra propia voluntad. Como reflexionara el sociólogo francés Pierre Bourdieu "*(...) la división del mundo, basada en referencia a las diferencias biológicas (...) actúa como la mejor fundada de las ilusiones colectivas.*"[49]

En este contexto se inserta un filme antológico como **Lucía** (Dir. Humberto Solás, 1968). Aunque ya la ley de fundación del ICAIC había establecido que la historia cubana sería uno de los principales temas del cine de la isla, a partir de 1968, con motivo del centenario de la Guerra de los diez años (1868 – 1878), se privilegió la producción de un cine histórico que abordó el proceso de liberación nacional, como un ciclo iniciado por las guerras independentistas y culminado con el triunfo de la

---

[49] Bourdieu, Pierre. *Le Sens Pratique*, Paris, 1980.

Revolución. Todo ello se inscribió dentro de la política cultural desarrollada durante la llamada "Ofensiva revolucionaria", que se proclamó el 13 de marzo de 1968 y que promovió este proceso como un sacrificio colectivo –inspirado en el concepto del "Hombre Nuevo"– que contribuiría al desarrollo de la revolución.

Lucía es un largometraje compuesto por tres historias ambientadas en diferentes momentos de estos "Cien años de lucha": la segunda guerra de independencia (1895), las luchas contra Machado (1932) y los primeros años del triunfo revolucionario. Las tres historias -protagonizadas por una mujer de nombre Lucía y construidas desde diferentes perspectivas narrativas y formales-, entrelazan relaciones amorosas conflictivas con el contexto histórico de formación de la nación. En el primero, Lucía es una mujer madura de clase alta, enamorada y engañada por un espía español, a quien revela el escondite de los mambises. En el segundo, vemos a una joven Lucía que abandona las comodidades de una clase media para acompañar al amor de su vida en la lucha contra el gobierno de Machado. El tercero, ambientado en la campaña de alfabetización, muestra a una Lucía guajira debatida entre el machismo de su marido y las ansias de transformación/participación popular. A través de las tres protagonistas, el filme pretende mostrar la progresiva emancipación tanto femenina como nacional, así como la toma de conciencia revolucionaria de la sociedad cubana a lo largo de su historia, a través de una suerte de "feminización" de la nación –como le han denominado algunos autores-, que funciona como alegoría del destino patrio.

Sin embargo, al realizar un análisis sintomático del texto audiovisual, transversalizando los presupuestos de la Teoría de Género y los elementos del lenguaje cinematográfico, encontramos elementos de una lectura que contrapone la supuesta propuesta conceptual y su concreción en la gramática fílmica. Para ello pudiéramos adentrarnos, inicialmente, en el primer cuento de este filme, aunque los tres resultan susceptibles a dicho análisis.

<u>LUCÍA 1895:</u>

El cuento comienza con una escena que va a direccionar nuestra interpretación y que funciona como alusión a la construcción estereotípica femenina tradicional, producto de las exigencias de una cultura patriarcal (igualmente arraigada en las mujeres): Lucía, mujer madura, hermosa y aristócrata, va en el carruaje con su madre, quien le critica que ha salido de casa sin mirarse al espejo y está toda despeinada…cuando lo que vemos es una mujer con una imagen perfectamente cuidada. La madre continúa requiriéndola, mientras ella permanece con la mirada perdida, desanimada, inconforme, tal vez, con su condición y con el "teatro de la aristocracia y las buenas costumbres".

Esta primera lectura se enlaza con la metáfora nacional en el discurso "incoherente" del personaje de Idalia Anreus (Fernandina), esa mujer desequilibrada que vive en las calles y vocifera histérica y alegóricamente frente a la carreta de hombres muertos: "No están muertos, están dormidos. ¡Despierten cubanos!". Pero la metáfora y el personaje mismo adquieren otra connotación en la escena siguiente. Lucía y sus amigas han presenciado la escena desde los postigos de las ventanas de su casa. Es entonces cuando una de las amigas (la misma que llora frustrada en otra escena ante una canción que habla del mito de "la media naranja", del "amor como fin último" para las mujeres), promete contarles la verdadera historia de la Fernandina, una monja que iba a bendecir a los muertos a los campos de batalla. Un día fue atacada por varios bandidos "moribundos" y desde entonces enloqueció. Lo que sucede en la escena reconstruida posee cierto halo onírico expresionista, dado a través del tratamiento plástico de la imagen y de la manipulación de la banda sonora, que se aleja del sonido ambiente del campo de batalla, para sumergirse en notas discordantes y gemidos que simulan placer sexual). La escena de violación colectiva se torna entonces ambigua: mientras la monja parece sufrir y resistirse (desde lo visual), escuchamos los gemidos de placer que forman parte de un ambiente sonoro construido, no propio de la escena que estamos presenciando, pero que condiciona nuestra lectura subjetiva (desde lo auditivo). Al mismo tiempo que, en la escena del presente fílmico, las jóvenes escuchan el cuento llenas de emoción, curiosidad y picardía, mientras la narradora cuenta la historia con similar expresión, como si se tratase de una de las veladas de "Las mil y una noches", mientras sentencia desde su monólogo excitante: "Y ahí comenzó la fiesta".

Advertimos, así, cierto regodeo morboso en este silenciamiento del sonido ambiente y su sustitución por los orgásmicos gemidos femeninos, que acompañan la "violenta" escena visual de la violación colectiva. Lo mismo experimentamos con los rostros de las jóvenes que escuchan el cuento, que se debaten entre el sufrimiento, la expectación y la excitación. Pudiera remitirnos mentalmente al archiconocido refrán popular que reza "Cuando la mujer dice que no, quiere decir sí" o, incluso, a ese sentido pseudo-conceptual con que están concebidos muchos filmes porno: en la violencia masculina radica cierto placer sexual para la mujer poseída, mientras en el hombre, el placer es generado por el poder que otorga la posesión.

Pero aún en ese momento, Lucía es la mujer inocente, quien a pesar de su edad, no ha conocido el amor de un hombre. Más, al conocer a Rafael, las condiciones de su relación serán establecidas desde el primer encuentro. Él ni siquiera desea saber su nombre verdadero, sino que le inventa uno: Gardenia. Un nombre de flor que refuerza la imagen frágil de la mujer, asociada siempre a elementos de la naturaleza, mientras ella lo asume como un gesto romántico, sin advertir el sentido oculto de sumisión y despersonalización que nos remite al futuro de su historia.

Otro elemento significativo es el diseño de vestuario: ella disfruta de su inicial felicidad, vestida de blanco, en medio de su cama y cortinas también blancas, todos símbolos de pureza. Pero a lo largo de la historia, el cromatismo de su vestuario variará, no con relación a la situación política que la rodea, sino en dependencia del estado anímico que le genere su relación amorosa.

Tras la primera decepción amorosa y el descubrimiento del primer engaño (su condición de casado), ella cae en una total depresión. La madre intenta sacarla de su estado recordándole que su hermano y los otros mambises la necesitan: "Tú tienes deberes más importantes que cumplir, Lucía" (por supuesto, los deberes de la patria que deberían funcionar como *leit motiv* del filme todo). Pero ella parece obnubilada por la obsesión del amor/engaño y le grita disociada en medio del llanto: "¡Dame una gardenia, mamá, dame una gardenia!" El dolor de la traición termina superponiéndose al deber patrio.

Pero una vez que se produce el perdón y la reconciliación (escena en las ruinas), no sólo se transforma como por arte de magia el estado anímico de la protagonista, sino que el diseño de vestuario y la construcción física del personaje de Lucía cambian nuevamente, en una indiscutible mostración de la dependencia femenina ante el hombre, ante esa idea de amor imprescindible inscrita en el imaginario colectivo, esa media mitad sin la cual una mujer no está completa ni realizada.

Pero aún más sintomática resulta la escena del encuentro en el ingenio abandonado. Ella se resiste (con ambigua mezcla de picardía en el rostro y expresiones de desagrado), mientras él la arrastra al interior del quitrín o la retiene contra las columnas derruidas, forcejea con ella haciendo que desfallezca su resistencia, intentando poseerla casi a la fuerza. En esta escena sucede algo similar a la de la violación de la monja: la construcción sonora silencia el sonido ambiente (el canto de las aves que se escuchaba hasta el momento), para sustituirlo por gemidos femeninos de placer que resignifican la imagen visual de resistencia. Pero eso no es suficiente: en un raptus de histeria, él se separa y comienza a llorar, "abandona" la idea de posesión sexual y se aleja de ella. Es ella entonces quien comienza a perseguirlo, a intentar besarlo, acariciarlo, contrariada por el rechazo. Ella termina rebajándose (una vez más) ante el hombre, implorando su atención. Y al final de este plano secuencia, Lucía sucumbe a sus propios deseos, esos que ha despertado el semental embustero (esa tipología de "hombres machos" que la sabiduría popular suele decir que tanto atrae a las mujeres): la mojigata aristócrata se acaricia los pechos, arquea el cuerpo intentando controlar sus propias sensaciones, hasta que cae sobre el hombre como tigresa en celo, le rasga la camisa y comienza a besarle el pecho. Corte abrupto en la edición, que da paso a la siguiente escena: un plano general de una falocéntrica foto del ingenio, que se yergue, firme y empinada entre un monte de (¿Venus?) pinos. Escena de fuerte calado sexual para la época, que podría ser interpretado como un "porno suave" y permitido socioculturalmente en pantalla grande.

Tras el último engaño, cuando Rafael la convence de que huyan al cafetal para ser felices, Lucía descubrirá que era un "espía" español que sólo quería guiar a las tropas españolas hasta el refugio de los mambises (donde se escondían su hermano y amigos). Luego de un cruento enfrentamiento entre ambos bandos, Lucía termina sola en medio del campo de batalla, contemplando los efectos de la matanza: cientos de mambises masacrados, amontonados como basura. La escena está filmada al estilo de la reconstrucción de la violación de la monja, con un blanco y negro de expresionismo plástico, como en una ensoñación, y ella está descompuesta, como enloquecida, desesperada, aún más cuando descubre a su hermano entre los muertos. En la siguiente escena ya en la ciudad, totalmente desequilibrada, Lucía busca al traidor en medio de la multitud y lo ultima con un puñal. La gente huye horrorizada y a ella la capturan. La Fernandina, quien le advirtió sobre el futuro en medio de su locura, le extiende la mano y la acaricia, como sensibilizada con la suerte trágica de todas las mujeres…de una u otra forma. Lucía se atrevió a subvertir los códigos de la moral y las buenas costumbres (enamorarse de un hombre casado y huir con él), por lo que termina siendo sentenciada, a pesar de ser la víctima de esta historia.

La que fuera inicialmente motor impulsor de una narración, termina reducida a la nada. Como en la tragedia griega, la mujer es aquí convertida en heroína trágica: viene a caer en la desgracia, no en razón de su maldad y de su perversidad, sino como consecuencia de un error que ha cometido. El coraje vencido por la fatalidad es toda la tragedia de la vida humana encarnada por el héroe griego, ahora devenido heroína. La Hamartía, ese error fatal en que incurre el héroe trágico que intenta hacer lo correcto, conduce entonces a una Anagnórisis. Pero ese instante de revelación en el héroe en que la ignorancia da paso al conocimiento, ya no permite vuelta atrás en la historia. Cuando la acción humana transgrede la ley divina (el "deber ser femenino"), la tesis de la soledad de Sófocles se hace patente, como castigo del orden subvertido entre la moral alienante y la resistencia individual.

Las relaciones intertextuales entre *Memorias del subdesarrollo* y *Memorias del desarrollo:* dos miradas fílmicas sobre el drama del exilio.

Jorge Luis Lanza Caride

Este artículo tiene como objetivo fundamental analizar las relaciones intertextuales existentes entre los filmes *Memorias del subdesarrollo*(1968), de Tomas Gutiérrez Alea y *Memorias del desarrollo* (2010), de Miguel Coyula, a partir del reflejo y representación de los conflictos migratorios e identitarios, salvando las distancias contextuales que las separan.

El análisis de *Memorias del subdesarrollo* y *Memorias del desarrollo* desde la perspectiva migratoria adquiere en el contexto actual notable importancia dada la magnitud que han alcanzado en las últimas décadas disciplinas como la Semiótica, la Antropología, los Estudios culturales, entre otras miradas existentes sobre fenómenos como el desarraigo, el exilio y las identidades fragmentadas donde prevalece un discurso académico y desprejuiciado.

A través del presente texto intentaré responder varias interrogantes: ¿Cuáles serían las diferencias sustanciales entre ambas cintas en el abordaje de la emigración y sus conflictos identitarios?, pese a sus diferencias contextuales.

¿Qué analogías y diferencias existen en el plano estético entre ambos filmes?, teniendo en cuenta las diferencias generacionales y la heterodoxa formación cultural y cinematográfica de sus creadores, quienes son expresión de épocas distintas pero igual de convulsas y complejas.

Tanto *Memorias del subdesarrollo* como su secuela fílmica examinan nuevamente el conflicto ontológico del individuo inmerso en procesos políticos que le resultan distantes, ante los cuales les resulta imposible mantenerse distantes.

El primer elemento a tener en cuenta es que *Memorias del desarrollo* ha sido rodada en EE.UU, sus tesis y argumentos son expresión del heterodoxo horizonte cultural del cineasta, no sólo de su pasión por las tecnologías digitales y las experimentales formas de edición y postproducción, sino también su desprejuiciada visión sobre factores tan polémicos en el debate ideológico y cultural de la isla como la tensa relación entre nación, identidad y diáspora cubana.

En ese sentido *Memorias del desarrollo*al ser rodada íntegramente en EE.UU se inserta automáticamente en el discurso audiovisual de la diáspora, componente esencial de esa zona que el crítico y teórico Juan Antonio García Borrero suele denominar *cine cubano sumergido*, debido a su escasa visibilidad mediática dentro de la isla. [1]

Antes de analizar aspectos concretos sobre las relaciones intertextuales entre dos cintas producidas en dos contextos espaciales y temporales tan diferentes, resulta imprescindible definir qué entendemos por intertextualidad.

La génesis de este concepto lo hallamos en la teoría literaria de Mijaíl Bajtín, formulada en los años treinta del siglo XX, pero sería realmente la lingüista Julia Kristevaquien acuñaría el término. Para Kristeva: "Todo texto es la absorción o transformación de otro texto." [2]

''Los análisis intertextuales intentan estudiar la presencia de un texto, un fragmento y no una totalidad, en otro cuerpo textual, donde cumplen funciones diferentes a las suyas propias, y a la vez un modo de penetrar en un texto específico para detectar una inserción textual y su sentido. "[3]

Ambos filmes han sido inspirados en textos literarios. La novela de Edmundo Desnoes había sido publicada en Cuba en 1965,pero el texto literario que inspiró *Memorias del desarrollo* aún no se ha publicado en la isla. Su origen partió de un encuentro entre el escritor Edmundo Desnoes y el joven Coyula mientras éste residía en New York gracias a las ventajas ofrecidas por una beca de creación otorgada por el Lee StrasbergTheatreInstitute.

El diálogo intertextual no sólo se establece entre ambos filmes, sino también entre las referidas obras literarias que la han dado origen y entre los contextos históricos en que se desarrollan ambas historias, es decir, entre la Cuba de 1968 y la sociedad norteamericana actual.

---

[1]Véase mi artículo publicado en la revista Palabra nueva del Arzobispado de La Habana, La isla imaginada: la identidad en el cine cubano de la diáspora en EE.UU, diciembre del 2012.
[2]Álvarez Álvarez, Luis, Barreto Argilajos Gaspar. EL arte de investigar el arte, Instituto cubano del libro, Santiago de Cuba, 2010 pp. 34.
[3]Ibídem, pp. 35

El tema de las relaciones dialógicas entre los referidos filmes nos convoca a reflexionar sobre los procesos de transposición de textos literarios al lenguaje del cine. Según la perspectiva de Astrid Santana: "La transposición de la literatura al cine ha de ser discernida a partir de lo que sería conveniente llamar una cartografía de la relación, que vincule referentes posibles, establezca nexos asociativos y, en términos de recepción, contribuya a la ampliación dialógica de la ficción representada."[4]

Los filmes *Memorias del subdesarrollo y Memorias del desarrollo,* pese a la distancia en el tiempo que las separa, debido a sus múltiples relaciones dialógicas con referentes y fuentes de diversas procedencias devienen verdaderos laboratorios semióticos que legitiman lo antes por Astrid Santa.

Según Astrid Santana: "Una película, sea o no una adaptación, se abre a cauces temáticos, a ideas pertenecientes a otras culturas y contextos, a personajes, temas y formas discursivas que pueden pertenecer a diversas manifestaciones artísticas donde se incluyen el teatro, la literatura, la pintura, la danza y el propio cine." [5]

Para el análisis de la condición intertextual de *Memorias del desarrollo*hay que tomar en cuenta elementos continuadores y diferenciadores que operan simultáneamente en la relación con su referente fílmico, no sólo en el plano estético y semiótico, sino también desde una dimensión contextual.

Desde esa perspectiva asistimos al diálogo contextual entre la sociedad contemporánea de 1968 y la estadounidense posterior a los atentados del 11 de septiembre. Dos hechos cruciales estremecieron al mundo en 1968: La Primavera de Praga y el mayo francés del 68, con su impacto mediático y simbólico en un escenario bi- polar en la correlación política internacional.

Los citados acontecimientos polarizaron aún más las posiciones de los intelectuales tanto en la izquierda como en la derecha tradicional, modificándose aún más la mirada sobre Cuba en su relación con la URSS y el resto de la comunidad de países del extinto campo socialista, en un escenario en el cual la naciente Revolución atraía a prominentes figuras políticas e intelectuales de la época, deslumbradas con la

---

[4]Fernández de Castro, Astrid. Literatura y cine. Lecturas cruzadas sobre las *Memorias del subdesarrollo*, Ediciones ICAIC, La Habana, 2010 pp. 46
[5]Ibídem, pp. 39

realidad cubana, desde el mismo Ernest Hemingway, Sartre, Agnes Varda, Joris Ivens, entre otros.

Al igual que en la cinta de Titón, el personaje se ve inmerso en contextos de profundas confrontaciones políticas y sociales, sobre todo, la histeria desatada hacia el terrorismo tras los ataques terroristas del 11 de septiembre del 2001.

Esta vez Sergio cuestiona el mito del desarrollo y las libertades democráticas, para al final encontrarse ante un dilema existencial. Ni aún en su alienación podrá prescindir totalmente de relacionarse con la civilización, con su contexto y sus iconos políticos y culturales.

Existen marcadas diferencias en el discurso estético que expone *Memorias del desarrollo* en comparación con su antecesora, irreverencias formales que reafirman su condición postmoderna y vocación desacralizadora de los recursos expresivos convencionales y modernos, continuadora del discurso experimental que ha caracterizado *Memorias del subdesarrollo,* en sintonía con los aportes digitales al lenguaje cinematográfico.

Entre las expresiones de continuidad en el discurso formal Coyula retoma la estructura del collage fílmico que trasgrede los límites fronterizos entre el documental, la ficción y los códigos de la animación, al apelar a referencias visuales de disímiles procedencia, desde imágenes archivo sobre acontecimientos históricos ocurridos en Cuba antes y después de 1959, como la crisis del Mariel en 1980, el fusilamiento del general Ochoa en 1989, incluyendo fotografías, recortes de periódicos, editadas con un sentido caótico y desordenado.

Desde la perspectiva de Astrid Santana, en ambas cintas se cumple que ´´la reflexión verbal tiene igual presencia que la reproducción- fotográfica-móvil-sonora de la ficción, y donde el logocentrismo que proviene de la literatura no ha sido desplazado de todo por el dominio de la visualidad. La voz del protagonista no sólo encarna textos extraídos de la novela fuente sino también de otros escritos que hacen de la película una obra flexible y que se busque el contrapunto entre imágenes y sonido, para eslabonar un campo amplio de significación. ´´[6]

---

[6]Astrid Santana, Ob, Cit, pp. pp. 58

Según el crítico de cine Dean Luis Reyes: ''*Memorias del desarrollo* está construida como un texto medular cuya organicidad debe buscarse en la radicalización, mediante el montaje de capas digital, del método del collage (…) Las ventanas dentro de ventanas, que suelen ser los planos de *Memorias…*contribuyen a poner en crisis la cuadricula como principio rector de la composición plástica. Coyula intensifica la sensación de estar ante cuadros dentro de cuadros utilizando el principio de cortar y pegar, propio del collage gráfico tradicional, intensificado por el ordenador.''[7]

Décadas atrás Alea tendría que apoyarse en su editor Nelson Rodríguez para obtener efectos similares apelando a los métodos del cine analógico.

En el plano narrativo persisten analogías, desde el matiz autor reflexivo al apelar al monólogo interior con su voz en offen función de un relato cuya estructura diégetica es totalmente anti-aristotélica, siguiendo el paradigma estético del clásico precedente.

Ambos textos fílmicos constituyen densos ensayos cinematógrafos que exploran y examinan el eterno dilema del desarraigo y la alienación en la sociedad, desde el contexto cubano abocado a la construcción del socialismo de los sesenta, escenario que no admitía posturas contemplativas y pasivas ante el proceso revolucionario, hasta el discurso de *Memorias del desarrollo*, toda una metáfora sobre la alienación del intelectual en cualquier sociedad.

En ambos escenarios la búsqueda de la utopía individual resulta amenazada por las estructuras del control social, tanto en la vorágine revolucionaria de los sesenta como en el postmoderno y caótico New York del siglo XXI.

A diferencia del Sergio que deambulaba por las calles de la Habana convulsa de los sesenta, cuestionando el subdesarrollo y las transformaciones de su entorno social, el Sergio de *Memorias del desarrollo* es como un fantasma que se enfrenta a la indiferencia de una sociedad que tampoco le ofrece soluciones definitorias a sus conflictos existenciales, personaje concebido a partir de una metáfora: la destrucción física y espiritual del sujeto ante un proceso que jamás llegaría a

---

[7]Dean Luis Reyes. *Memorias del desarrollo, el nombre propio, revista cine cubano, no. 180, 2011*

comprender, razón por la cual críticos y académicos han interpretado el personaje de Sergio como el propio alter ego de Titón.

Según el académico Michael Chanan, ´´Sergio en *Memorias* es su propio alter ego, aunque él siempre lo ha negado, Sergio es el personaje en el cual él no se convirtió, pero bajo otras circunstancias pudiera haberse convertido. ´´[8]

Hay una entrevista que recoge el documental *Titón, de La Habana a Guantanamera,*rodado por su viuda la actriz Mirta Ibarra en el 2010, donde el propio Titón expresó que a diferencia de su personaje que contemplaba la cambiante realidad de los sesenta desde la distancia, su película tenía el propósito de interpretar dicha realidad para intentar transformarla, premisa marxista que había ampliado en su libro *Dialéctica del espectador,* con el cual dialoga en su filme cuando observamos a Sergio leyendo sus páginas, texto donde plasmaría sus propias problemáticas estéticas y tesis fundamentales, derivadas de su propia experiencia en la realización de *Memorias del subdesarrollo.*

Un elemento que posee una dimensión simbólica e intertextual en el cine de Alea es lo relacionado con los espacios, aunque en *Memorias del desarrollo* se diluyen en el frenético New York donde Sergio deambula. En el caso de *Memorias del subdesarrollo* dicho espacio está asociado al lugar de la partida, cuya secuencia inicialtranscurre en ese simbólico lugar donde Sergio despide a sus familiares, separados por el cristal del aeropuerto, quienes junto a otros miembros de la burguesía cubana y la clase media abandonan el país rumbo a Miami.

Pareciera que dicho cristal viene a ser esa especie de pecera que separa a Sergio del resto de sus familiares, el icono que devela la incomunicación generada por las fronteras ideológicas que han separado a cubanos de ambas orillas. De alguna manera el aeropuerto con toda carga simbólica marcará el destino de la nación cubana, asumiendo un sentido dramático y desgarrador.

Según la investigadora Desiré Díaz, quien ha analizado con profundidad y rigor el fenómeno migratorio en el cine cubano: ''La emigración como trauma clínico comienza en el lugar de origen, es decir, en el lugar de la partida, porque ya desde

---

[8]Michael Chanan. Titón y lo intertextual, revista *Temas,* núm. 27, octubre-diciembre, 2001, pág. 40

entonces las condiciones prefiguran las circunstancias de incomunicación a la que se verán sometidos los implicados, tanto los que parten como los que se quedan. Y es precisamente en el lugar de la partida, en ese lugar de origen del conflicto, donde también comienza *Memorias*, y con ella, el tratamiento del fenómeno en el cine cubano. [9]

En *Memorias del subdesarrollo* Sergio contempla pasivamente la cambiante realidad de la ciudad desde su confortable apartamento durante la primera década de la Revolución. Con un telescopio desde su interior observa la ciudad, el entorno y la iconografía social que se va gestando paulatinamente con el avance del proceso revolucionario, en definitiva, presencia los cambios manifestados al interior de una sociedad a la cual intenta pero no alcanza comprender.

Tanto el telescopio como el apartamento de Sergio en esa antológica secuencia son expresión de una concepción del mundo que ha entrado en crisis con la brusca irrupción de la Revolución, y aunque Sergio no se marcha junto a su esposa y el resto de su familia, su dilema existencial no le permite aceptar esos traumáticos cambios.

Para dicha autora el estudio de las relaciones espaciales en el filme van másallá del análisis de los vínculos que establece Sergio con su apartamento y su entorno, sino que pasan por ese eterno dilema que implica situarse dentro o fuera, es decir, marcharse o permanecer en la isla, con todos los matices contextuales que tal decisión implica.

"Pues para el personaje, el hecho de quedarse en la isla supone también un intento de escape, de refugio, en este caso, una huida de la clase social a la que pertenece, la burguesía, y con la cual no comparte determinados valores. Sergio no se queda, exactamente, con la Revolución, se queda para no quedarse con la burguesía, Esta posición ambigua lo deja físicamente en la isla, pero psicológicamente en un limbo, en una especie de no lugar que es también el espacio simbólicamente creado y habitado por la diáspora. [10]

---

[9]Desiré Díaz. La mirada de Ovidio. El tema de la emigración en el cine cubano de los noventa, revista Temas, núm. 27, octubre-diciembre, 2001, pág. 40.
[10] Ibídem, pp. 41

Memorias del subdesarrollo resulta un filme complejo porque se sumerge y explora, como ninguna otra cinta en la historia del cine cubano, en las contradicciones que implican para un sujeto tomar partido en un proceso social como la Revolución cubana, situándose ante el histórico dilema de la elección entre dos polos aparentemente antagónicos: el dentro representa aceptar y participar en el proceso revolucionario y el fuera ser un antagonista de él.

Desde esa perspectiva Alea había logrado representar cinematográficamente la incompatibilidad de dos mundos irreconciliables: la Revolución cubana con sus contradicciones y transformaciones, los valores de la burguesía, clase social que nunca llegaría a comprender las complejidades del proceso. Las esencias de esta contradicción fueron plasmadas en el filme en el siguiente parlamento pronunciado por el mismo Sergio desde ese tono auto reflexivo: ¿Y tú donde estas Sergio?, volviendo a caer, según Desiré Díaz, en el limbo del destierro, de la desterritorialización. ''[11]

La escritora Lourdes Gil, en su ensayo *Tierra sin nosotras*, lograría definir magistralmente las esencias ontológicas de ese fenómeno al expresar: ''Esta transformación no puede efectuarse sino desde la subjetividad, mediante una mitificación que exige, a priori, la desconstrucción del mundo anterior, así como la del ámbito inmediato. (…) Esa ordenación peculiar que ella imparte a la realidad es un estado anómalo de desvinculación del yo de su entorno, de una ansiedad tan palpable y física, que alcanza a transformar los sentidos y las percepciones, y es que el destierro, sea remoto o reciente, coloca en la conciencia una orfandad, un desamparo. La vida se torna un entramado inhóspito, que se interioriza como un deambular sin rumbo y sin tregua. ''[12]

Para Coyula: ''*Memorias del desarrollo* no es una película sobre el exilio. Es una película sobre la imposibilidad del intelectual para identificarse con una sociedad, sea capitalista o socialista, es la imposibilidad de relacionarse con su gente. No es

---

[11] Ibídem, pp. 43
[12] Ibídem, pp. 42

una cinta política, pues las posiciones políticas pueden envejecer, mientras que el drama humano siempre perdurará. ''[13]

El Sergio de *Memorias del desarrollo*, pese a las supuestas bondades que le ofrece su posición de profesor en una prestigiosa universidad norteamericana, encuentra otras formas de censura no muy diferentes a las sufridas en Cuba, otras dificultades e incomprensiones que complejizan su existencia en una sociedad aparentemente tolerante, lo cual no minimiza las razones que determinaron su salida de Cuba, razones que les resultará difícil de exponer en una de las escenas en las que imparte clases a sus estudiantes, cuando es cuestionado por haberse marchado, lo cual lo sitúa sin lugar a dudas en una disyuntiva más de índole ética que política.

Tanto *Memorias del subdesarrollo* como *Memorias del desarrollo* develan la imposibilidad del intelectual para insertarse en cualquier orden social, y el precio que éste paga por defender conceptos como libertad y democracia en la sociedad que históricamente los ha convertido en paradigmas.

Sien la cinta de Alea la metáfora del desarraigo y la alienación se encuentra cifrada en la escena icónica del telescopio cuando Sergio observa la turbulenta realidad desde su apartamento, el Sergio que deambula en las calles de New York continúa contemplando su nueva realidad pero esta vez desde una fría urbe para la cual Cuba resulta todavía un trauma insuperable.

El Sergio de *Memorias del desarrollo* intenta explicar a sus estudiantes el carácter contradictorio de la Revolución Cubana, la naturaleza de su complejidad, la real dimensión de un proceso que sorprendió a su protagonista, dándole un giro radical a las estructuras de la sociedad cubana.

Coyula, en cambio, intenta comprender este convulso proceso, pese a haber nacido varias décadas después de los años iniciales de la Revolución, etapa de profundas fisuras, desencuentros, agudas confrontaciones, un momento histórico de definiciones, no sólo en el plano ideológico, sino en el orden estético, lo cual desencadenó álgidas polémicas en la esfera intelectual.

---

[13] Coyula, Miguel. La identidad geográficamente indefinida, La Gaceta de Cuba (3) mayo-junio 2006 pp. 20

En el orden intertextual hay referencias directas al filme de Titón, desde la reiteración en cuanto a la conjugación entre ficción y documental, el afán del personaje de escrudiñar la realidad desde la distancia, y esa impresión de situarnos ante un filme que deviene un texto del cual se derivan insospechados diálogos con otros textos culturales. En fin, nos encontramos ante un híbrido fílmico donde convergen múltiples poéticas en un corpus irreverente.

Impactante resulta esa secuencia final donde un plano general muestra al personaje sumido en su alienación, en sus meditaciones que lo enajenan del mundo real, como algo minúsculo, minimizado, quien intenta conservar su esencia humana en su aislamiento, en una dimensión donde aparentemente no atravesará conflicto alguno, cuando no existe conflicto más difícil de superar que la soledad y la necesidad de relacionarse con el mundo exterior.

He ahí la esencia del filme, representar el eterno e imprescindible dilema que implica la elección de un espacio donde el hombre pueda encontrar un sentido a su existencia, donde se libere definitivamente de todas las formas existentes de alienación. La búsqueda de ese ideal puede parecer utópica en un mundo cada vez más complejo y turbulento, deshumanizado. *Memorias del desarrollo* trascenderá por reafirmar la necesidad impostergable de encontrarlo.

<u>Bibliografía</u>

Astrid Fernández de Castro. Literatura y cine. Lecturas cruzadas sobre las *Memorias del subdesarrollo*, Ediciones ICAIC, La Habana, 2010
Dean Luis Reyes. *Memorias del desarrollo, el nombre propio,* revista cine cubano, no. 3, 2011
Desiré Díaz. La mirada de Ovidio. El tema de la emigración en el cine cubano de los noventa, revista Temas, núm. 27, octubre-diciembre, 2001
Luis Álvarez Álvarez, Gaspar Barreto Argilajos. EL arte de investigar el arte, Instituto cubano del libro, Santiago de Cuba, 2010
Miguel Coyula. La identidad geográficamente indefinida, La Gaceta de Cuba, no. 3, mayo-junio 2006
Jorge Luis Lanza. La isla imaginada: la identidad en el cine cubano de la diáspora en EE.UU, revista Palabra nueva, diciembre del 2012
Michael Chanan. Titón y lo intertextual, revista *Temas,* núm. 27, octubre-diciembre, 2001

Angustias habaneras del cine cubano: De Gutiérrez Alea a Fernando Pérez

Joel del Río

En una entrevista de 1994, recién estrenada *Fresa y chocolate*, Tomás Gutiérrez Alea confesaba: "La Habana es una ciudad espléndida. Ojalá apareciera en más películas. La Habana es mi ciudad, una ciudad que he aprendido a disfrutar a medida que han ido pasando los años y me duele mucho el proceso de deterioro que está sufriendo en este momento. Emocionalmente tiene para mí un gran significado, y quisiera fotografiarla toda, quisiera conservar cosas, por lo menos hacer una llamada a la conciencia de la gente de lo que se está perdiendo. En la película pretendemos incluso decirlo directamente, no sé si será suficiente y si lograremos transmitir un poco ese esplendor que se está perdiendo y que duele tanto".

Cincuenta años y veinticinco años cumplieron, en 2018, *Memorias del subdesarrollo* y *Fresa y chocolate*, respectivamente. Dentro de apenas un par de meses nos adentraremos en 2019, año en que celebramos el aniversario quinientos de la capital de todos los cubanos. Tantas efemérides, conmemoración y ánimo laudatorio pudieran obnubilar la apreciación de la profunda pesadumbre que provocaban los factores de desequilibrio, caos e incertidumbre que traslucen tanto *Memorias…* como *Fresa…* respecto a una ciudad cuyas ruinas provocan tantísimo entusiasmo turístico. Considerados monumentos de lúcida afirmación cultural y de rechazo a la autosuficiencia celebrativa y conformista, las dos películas manifiestan abiertamente las opiniones de Gutiérrez Alea, o de su alter ego cinematográfico, sobre el crescendo del desgaste y de las pérdidas. Así, el cineasta y coguionista propone, en la película de 1968, un antihéroe que establece un diálogo cuestionador con el entorno citadino y político, y veinticinco años después, le da continuidad al discurso sobre el diferente, el otro social, aquel cuya cultura e información le permiten cuestionar abiertamente la política cultural establecida, y reprocharle su ineficacia para comprender y alentar, holísticamente, el concepto de lo cubano.

En el fluir de su conciencia crítica respecto al subdesarrollo de la isla, a su pasado reaccionario y su presente incomprensible, Sergio emprende largos recorridos por la ciudad, cuya fisonomía y esencia parecen profundamente alteradas por el proceso de cambios revolucionarios. En la primera escena, posterior a la despedida de su familia en el aeropuerto, Sergio sale al balcón, se coloca en su telescopio, la cámara se vuelve subjetiva para ofrecernos su visión sobre la azotea de un hotel, mientras el personaje se dice a sí mismo: "Todo sigue igual. Aquí todo sigue igual. Así de pronto parece una escenografía, una ciudad de cartón", le escuchamos pensar mientras la cámara subjetiva recorre, en rápido barrido, el espacio que separa El Vedado de la bahía y sus barcos, el Malecón, y los monumentos a Maceo y a las víctimas del Maine, ambos iconos de la independencia y de la República. Cada uno de los espacios capitalinos de alta significación cultural provoca una reflexión del personaje, aislado en su ironía, distanciado de la retórica patriotera y del sectarismo antiimperialista: "El Titán de Bronce, Cuba libre e independiente. ¿Quién iba a sospechar todo esto?, sin el águila imperial, ¿y la paloma que iba a mandar Picasso? Muy cómodo eso de ser comunista y millonario en París". Pareciera que realizador y coguionista (Edmundo Desnoes) reafirmaran el peso de la historia, en un país joven y ávido por ratificar su independencia, mientras alertan, a través de la ironía crítica del personaje, sobre la necesidad de que la opinión personal, individual, se rebele ante los axiomas incuestionados y las intransigencias jamás tocadas por la duda.

Para concluir la escena, mientras la cámara continúa en la subjetiva del telescopio, y apunta a las industrias del puerto, le escuchamos a Sergio parodiar uno de los adagios que alentaron las revoluciones en los años sesenta: "Esta gran humanidad ha dicho basta y ha echado a andar, como mis padres, como Laura, y no se detendrá hasta llegar a Miami", y así se reafirma la voluntad del cineasta por declarar a su personaje inmerso en un proceso de cambios trascendentales, mientras naturaliza, le confiere visibilidad a todos aquellos que se de los grandes discursos utópicos y libertarios. Para concluir, en un plano de comprensión de su entorno, y de sí mismo, Sergio termina asegurando que "Sin embargo, todo parece hoy tan distinto, ¿he cambiado yo o ha cambiado la ciudad?", de modo que la ciudad se establece, desde el principio del filme, cual mapa y espejo tanto del malestar del personaje como del cambiante contexto que permite ver la urbe con un dejo de esperanza, como algo igual pero distinto.

Los cambios antes aludidos se perciben con mayor amplitud en la escena en que Sergio sale a la calle. Luego de visitar una librería inundada de libros soviéticos y marxistas, donde también abunda la obra de Martí, Sergio compra el libro "Moral burguesa y Revolución", y luego atraviesa el fantasmagórico parque de Galiano y San Rafael, pasa por detrás de un muñeco de cartón de propaganda a los CDR, y echa de menos el glamour del *ancient regime*: "Desde que se quemó El Encanto La Habana parece una ciudad de provincia. Pensar que antes la llamaban el París del Caribe, al menos así le decían los turistas y las putas". Mientras se escuchan estas palabras, suena un significativo danzón de fondo y la mirada de Sergio se detiene en un pensamiento de Martí sobre la necesidad de aceptar la amargura de nuestro vino. Luego aparecen varias fotos de Fidel, y de nuevo Martí, protagonizando las vidrieras vacías, además de reiteradas alusiones en chapuceros carteles escritos a mano sobre la vigilancia cederista y a la emulación socialista.

"La Habana más bien parece una Tegucigalpa del Caribe —sentencia Sergio mientras continúa paseando por lo que hoy sería Centro Habana— no solo porque destruyeron El Encanto y hay pocas cosas buenas en las tiendas, es por la gente también". Luego de que se muestre un extraño altar donde un retrato de Fidel está en la base de una estatua de Cristo, flanqueado por una Santa Bárbara y una muñequita desnuda estilo Barbie (tal vez premonitorio del ecléctico altar de Diego en la posterior *Fresa y chocolate*), entra una música de inspiración barroca, y aparecen primeros planos casi estáticos múltiples de hombres y mujeres cansados, mal vestidos, aburridos, hoscos, tristes, en una escena que se adelanta al espíritu de futuros filmes cubanos ambientados precisamente en esta misma encrucijada de

Galiano y San Rafael, o en sus inmediaciones[50]. Después del collage de primeros planos de gente contrariada, triste, Sergio se pregunta, mientras camina en dirección a la cámara hasta quedar congelado justo delante de ella: "¿qué sentido tiene la vida para ellos? ¿Y para mí? ¿Qué sentido tiene para mí?". El paisaje de las calles desiertas se difumina al fondo mientras alcanza máxima intensidad la desconsolada música barroca, y se concluye esta secuencia, muy singular dentro del filme, en tanto se aparta hasta cierto punto de la continuidad narrativa para tratar de crear contactos de sentido entre ciertos fragmentos, pues el protagonista no está ejecutando acciones que hagan avanzar el relato, sino mirando, observando y juzgando las piezas diversas de una realidad compleja y cambiante.

Fresa y chocolate adopta un tono similar, de crítica nostalgia, cuando corrobora el terrible deterioro que padece la ciudad. Aunque se ambienta, aproximadamente, a finales de los años setenta o principios de los ochenta, el filme se apropia del espíritu melancólico del Periodo Especial, y del pesimismo inherente a esta época de crisis económico-social, para propulsar un cine cubano que, en los años noventa y a principios del siglo XXI se concentraría en recrear temas como la homosexualidad y la intolerancia, la emigración y sus causas o consecuencias, la marginación y la otredad, la doble moral apareada con la crisis de valores y, más que todo, una espiritualidad marcada por las pérdidas, la erosión y las ruinas. La transformación de David, su creciente proceso de comprensión de lo cubano más allá de valladares ideológicos y prejuicios se inicia y concluye en Coppelia, entre sus pasillos interiores y los arbustos que dejan ver al fondo la zona más céntrica de la ciudad. En la célebre heladería, epicentro de intelectuales, punto de reunión de homosexuales y jóvenes en lucha por mantenerse conectados con el mundo y sus modas, ocurren dos secuencias que abren y cierran el recorrido iniciático de David, el personaje que lleva el punto de vista y que por tanto provoca la identificación del espectador con los valores de la comprensión con el diferente. En la primera secuencia del filme

---

[50] Entre muchos otros, se recuerdan dos obras posteriores de muy similar intención: el documental experimental *La Época, El Encanto y Fin de Siglo* (1999) de Juan Carlos Cremata, o *Suite Habana* (2003) de Fernando Pérez. En estos dos títulos, realizados treinta o treinta y cinco años después, se adopta también un tono observacional propio de las llamadas sinfonías urbanas para trazar cuestionamientos de nivel ontológico, o espiritual.

que ocurre en Coppelia, David camina acongojado por el abandono de su novia, y pasa por delante de una valla que proclama en vivos colores "Somos felices aquí". Más tarde, Diego ocupa un lugar a su lado, en la mesa, ante la perentoria desaprobación del intolerante David. Es en este ambiente apacible y ecuménico de Coppelia, donde ocurre la primera tentación intelectual, pues Diego exhibe impúdicamente no solo sus girasoles y su devoción por la fresa, sino también sus libros de Vargas Llosa, Severo Sarduy y Goytisolo.

Tal vez la secuencia epítome del crecimiento espiritual e intelectual de David ocurre también en estrecha relación con la ciudad. Luego de que David acepta a Diego como tutor intelectual, ambos observan el paisaje citadino desde un balcón, tal y como lo hacía Sergio treinta años antes con su telescopio. Una subjetiva de cualquiera de los dos, o más bien de los dos juntos, muestra el bosque de tejas y azoteas, mientras Diego asegura: "Vivimos en una de las ciudades más maravillosas del mundo, todavía estás a tiempo de ver algunas cosas antes de que se derrumbe y se la trague la mierda". David le riposta: "Coño, chico, no seas injusto, es que son muchas cosas, una ciudad no se..." Diego lo interrumpe airado: "La están dejando caer, eso no me lo discutas". No obstante, David intenta esbozar las justificaciones: "Somos un país pequeño, con todo en contra..." Diego lo interrumpe: "Sí, pero es como si no les importara, no sufren cuando la ven". Y justo en este momento se dice una línea de diálogo ("A algunos nos importa, a ti y a mí nos importa") que puede ser apreciada cual intriga de predestinación respecto a la tesis autoral del filme, consumada en el abrazo final entre ambos personajes en tanto demarca la confluencia entre las dos riberas de la cubanía. Diego defiende la ciudad y los culpa a "ellos", mientras que David apela a la complicidad del "nosotros". Aunque se sitúen en frentes ideológicos adversos, ellos se unen en el amor por una ciudad que simboliza el alma de la nación. El joven militante e ignaro termina aprendiendo a respetar y amar las joyas arquitectónicas de la ciudad[51] dentro de un

---

[51] A renglón seguido de la apasionada discusión de Diego y David, vemos a este último redescubriendo la belleza medio marchita de la ciudad, acompañado por el melancólico piano de José María Vitier. Aparece el patio interior del Palacio de los Capitanes Generales, Diego explicando (inaudible) los vitrales plenos del colorido a lo Amelia Peláez, la destrucción y suciedad de los edificios que circundan la Plaza Vieja, las ruinas

proceso de aprendizaje que incluye también la apreciación de la música culta y popular en su más amplio espectro, y el gusto por la buena literatura, aunque sus escritores estuvieran prohibidos u olvidados.

En un filme donde predominan los interiores, hay otra escena sintomática donde la ciudad alcanza un rol protagónico. Hay primero una panorámica del litoral habanero tomada desde la orilla este de la bahía. David y Diego contemplan la ciudad desde la otra orilla y sus siluetas se destacan en lo luminosidad de la tarde, y del paisaje ribereño. Ya no discuten, su amistad ha resistido todas las pruebas aunque Diego deba partir al exilio forzoso. El protagonista mira la urbe y dice: "Es maravillosa. Déjame mirarla bien, esta es mi última vez". Y así, con solo una secuencia y una frase, *Fresa y chocolate* acertó a codificar la nostalgia por la ciudad que luego se recrearía en decenas de cuentos y novelas, canciones y videos musicales, filmes y obras plásticas. Entre *Memorias del subdesarrollo* y *Fresa y chocolate*, Gutiérrez Alea nos entregó la más poderosa trama de imágenes y sonidos que refieren grandeza y pequeñez de toda una ciudad, una época y una nación.

Suite Habana y Últimos días en Idem

La filmografía de Fernando Pérez se distingue por la alta semiotización de varios espacios citadinos (escaleras y azoteas, puentes y túneles, trenes y camiones), además del interés por ambientes marcados por la presencia del mar y la lluvia. En *Suite Habana* (2003) reaparecen las escaleras sombrías de *Madagascar* (1993) pero esta vez se registra el ascenso de los personajes, o su salida hacia la luz, y tal vez por ello se insiste en las azoteas, visto el caso de que temáticamente el autor se recrea más bien en la búsqueda de soluciones a la crisis, en el empeño de los cubanos por cobrar altura. Por tanto, *Suite Habana* parece, a ratos, al menos en algunas secuencias de montaje, un concierto de azoteas, por encima de las cuales descuellan la Farola del Morro o la Cúpula del Capitolio, en contraste con las imágenes y sonidos al nivel de la calle, más relacionadas con la dura cotidianidad centrohabanera. La perspectiva panorámica, por encima de las azoteas, indica

---

y derrumbes en Centro Habana… David trata de apresar con los ojos lo últimos vestigios de la belleza en un entorno que, al parecer, nunca había visto realmente.

siempre el punto de vista del autor, la generalización por encima de lo contingente, mientras que las escaleras, su ascenso o descenso por parte de los personajes se relaciona más bien con la sumersión en la cotidianidad o el pase a otro nivel de la existencia, como se percibe en los momentos en que la abuela y Francisquito salen de su casa y llegan a la escuela; Raquel que sale del cuartería donde visitó a la cartomántica y vuelve a su realidad; Jorge Luis cuando asciende la escalerilla del avión que se lo lleva de Cuba…

Suite Habana no solo registra la sucesión del día y la noche principalmente sobre las azoteas y escaleras, siempre cercanas al mar, sino que la cámara acompaña los recorridos de quince personajes mientras se detiene a contemplar la interrelación entre lo subjetivo y lo contextual, y el montaje alterna planos y caracterizaciones de los personajes con imágenes de sus respectivos contextos citadinos o culturales. En las primeras escenas del filme aparece la farola del Morro y la estatua de Lennon, un barco que sale por la boca de la bahía, continúa amaneciendo, hay un cambio de guardia ante la estatua, comienza a salir el sol sobre La Habana, de fondo se escucha una lenta contradanza y "la queja" de un violín, además del sonido sordo y grave de la sirena del barco, que contribuyen a caracterizar desde la melancolía el amanecer de la ciudad. La luz de la farola aparece presa entre cristales, rodeada por la oscuridad de la madrugada. El último giro de la luz de la Farola coincide con la primera luz del amanecer, y entonces comienza la presentación de los personajes. Se escuchan grillos y el piar de gorriones, junto a un plano general de la ciudad desde sus azoteas. Así que establece el tono dominante de un documental que además de caracterizar quince habaneros y su cotidianidad, caracteriza a fondo la ciudad donde ellos habitan.

Poco después de que comience el día, en Suite *Habana* hay dos secuencias de montaje que ilustran una imagen plausible de la ciudad a partir del contraste, por montaje, entre lo rudo y lo delicado, el alboroto y la tranquilidad. En una de estas secuencias hay una mujer que llama a Yosvany a gritos desde su enrejado balcón, y detrás de ella se percibe el fondo blanco de las paredes del Capitolio y la imponente, silenciosa estatua del pórtico; un fumigador inunda de humo un cuarto de solar; un "camello" (ómnibus articulado) de color rosa; el primerísimo plano a la estatua de Lennon, el bullicio de un camión-pala que recoge escombros, los pistones de Suchel, la máquina lavadora de Iván, un martillo neumático que rompe la calle, unas manos que colocan la loza sobre una tumba que se cierra… Y en el filme abundan estos paréntesis en los cuales se demarca el paso del tiempo mientras la ciudad adopta el protagonismo del discurso estético, como en la secuencia en que se ilustra la tarde, y la ciudad se caracteriza mediante la llegada de Ernesto al Gran Teatro de La Habana, un primerísimo plano de la Farola que se ilumina súbitamente mientras es escucha La tarde, de Sindo Garay, mientras aparece un plano muy general del Malecón, las manos de Amanda rellenando cucuruchos; el atardecer sobre las azoteas entre las cuales sobresale la torre de una iglesia, se asoma a lo lejos la Farola, y se ilumina en rosado el letrero de "revolución" situado en lo más alto de un edificio. Al final, el Malecón se erige en principalísimo icono en el epílogo simbólico, que alegoriza la capacidad de resistencia de los cubanos, y su fuerza para sobrevivir cualquier catástrofe, a partir de la imagen del mar furioso que arremete inclemente contra el impertérrito muro. La canción *Quiéreme mucho* se escucha en el epílogo a manera de petición de gracia divina en tanto se combina con la imagen de la Virgen, en la torre mayor de la Iglesia de Infanta, con la luz del sol tangente que magnifica esa estatua, y las olas del Malecón batiendo contra el muro.

Marcada por la conexión hipertextual con *Fresa y chocolate* y con *Suite Habana*, por la similitud de la tipología de personajes, el ambiente y los conflictos, *Últimos días en La Habana* puede considerarse una continuación ideotemática de ambos, en tanto vuelve a contemplarse la ciudad en su aspecto más sombrío y ruinoso[52]. Tal es el aspecto de las escaleras por las que asciende Miguel, el amargado protagonista (casi nunca se le ve bajando) para llegar al cuartucho donde vive con Diego, o para recoger agua con que bañarse. En torno al incomunicado personaje, aparecen no solo escaleras, sino también pasillos, balcones, cuarterías, y paredes

---

[52] Debe apuntarse que el Diego de *Últimos días…* es mucho menos culto, glamoroso y elegante que el protagonista de *Fresa y chocolate*, y el cuarto es más oscuro, pequeño y destartalado, como poniendo en tela de juicio la involución de las condiciones de vida de muchísimos habaneros.

sucias que recuerdan similares espacios en *Madagascar, Fresa y chocolate y Suite Habana.* Incluso cuando Miguel va a buscar sexo de alquiler (para su amigo) camina por los portales oscuros que sugieren un túnel de marginalidad y decadencia. Sin embargo la azotea, como en otros filmes de Fernando Pérez, es un espacio más despejado, luminoso y tranquilizador, donde Miguel puede, por ejemplo, conversar con Fefa, la vecina generosa, mientras ella está ocupada tendiendo ropa, y preocupada por el cumpleaños y la salud de Dieguito. Al final del filme, Yusisleidy está sentada en la azotea que heredó de su difunto tío, hablándole a la cámara, y contando el destino de los demás personajes. Porque azoteas, túneles y escaleras devienen iconos simbólicos que apuntan a tesis autorales relativas a la capacidad de resistencia y utopía en un país lastimado por la pobreza y al desgaste perentorio del sueño utópico.

El más reciente filme de Fernando Pérez enaltece ciertas paradojas como la colisión entre lo sublime y lo vulgar, a través de la convivencia sonora entre el reguetón *Chupa pirulí*, de SMS, en la tienda disfrazada de Navidad donde Miguel, en pleno luto por la muerte de su amigo, compra chocolates para cumplir con el último deseo de Diego. Miguel sale de la tienda y camina entre la gente con los ojos llenos de lágrimas, pero la banda sonora sigue dominada por el estribillo mientras el protagonista cabizbajo, se cruza con muchos otros transeúntes de mirada triste, taciturna, similares a los que contemplaba Sergio en la escena aludida, en el parque de Galiano y San Rafael, de *Memorias del subdesarrollo*. Además, las paradojas entre lo sublime y lo vulgar saltan a la vista en escenas anteriores, como la que se ambienta al interior de un automóvil antiguo, de alquiler, donde al "botero" le gusta escuchar *Claro de luna* de Beethoven; en la paladar donde Miguel friega platos en tanto escucha de la televisión el aria *Lascia ch'io pianga*, compuesta por Georg Friedrich Händel para la ópera *Rinaldo*, o en la secuencia cuando Yusisleidy canta un largo fragmento de *Contigo en la distancia*, de César Portillo de la Luz, en el cuarto desvencijado y a oscuras, acostada en el piso, y luego seguimos escuchando su voz con la nostálgica canción, mientras el encuadre se llena con la luz y el azul del Malecón, mientras Miguel intenta mantenerse a flote agarrado al diente de perro, en una de las pozas del arrecife. Los iconos del paisaje cotidiano habanero, con toda su erosión y grosería, refleja las ansiedades, temores y frustraciones de un periodo de pesimismo y desazón.

Los códigos narrativos traducidos por Fernando Pérez en estilemas autorales evolucionan desde una etapa donde predominan anécdotas más complejas, montaje intelectual, y el sonido o la música con función más simbólica que realista (*Madagascar*, *La vida es silbar*, *Suite Habana*) hasta el periodo más reciente de su filmografía, en el cual se percibe un retorno al contexto actual y a temáticas autorales como el enfermo y su cuidador (*La pared de* las palabras, *Últimos días en La Habana*). En ambas etapas los planos secuencias, la composición y la profundidad de campo recrean simbólicamente relaciones ambivalentes entre sus protagonistas y la ciudad, a lo largo del itinerario descrito por los personajes entre el día y la noche, el mar y la costa, o el ascenso imprescindible que nos lleva de la calle a la escalera y, peldaño a peldaño, hasta la azotea.

1968: Un año de hornos y de luces

Luciano Castillo

No he tenido la curiosidad, ni el tiempo, para verificar si a lo largo del Siglo de Lumière, como bautizó Arturo Ripstein a la pasada centuria, existió un año estremecido por tantos acontecimientos de todo tipo como 1968, capaz de legar a la historia del cine, arte que festejaba su setenta aniversario, tantas obras clave. Si Vittorio de Sica evidenció distanciarse considerablemente de los preceptos neorrealistas con el melodrama *Amantes*, Truffaut confirmaba con *La novia vestía de negro* el certificado de defunción de la Nueva Ola francesa, que había liderado junto a Godard y Chabrol. No vaciló en interrumpir el rodaje de *Besos robados* para acompañarlos en las calles parisinas en manifestaciones que reclamaban la restitución de Henri Langlois a su puesto de director de la mítica Cinemateca Francesa. Tampoco tardaron en impedir la edición del Festival de Cannes.

Aquel memorable mayo los cineastas no podían dar la espalda al movimiento universitario en un principio que sacudió los cimientos de la sociedad y la gente no vaciló en declarar huelgas, levantar barricadas y enfrentarse a las fuerzas policiales. Desde enero, Praga disfrutaba de una inusitada primavera, al tiempo que en el sudeste asiático los vietnamitas emprendían la Ofensiva del Tet. Jane Fonda, no se había radicalizado aún como una luchadora contra la guerra de Vietnam y Roger Vadim, otro nuevaolero, la convertía, musa de turno al fin, en Barbarella. Cuando se disponía a encabezar una marcha, Marthin Luther King era asesinado poco antes de que Estados Unidos detonara su bomba atómica número 556. La radio transmitía insistentemente el tema «La, la, la» con el que la cantante española Massiel ganó en el Festival Eurovisión y el ICAIC adquiría en el mercado español la película *Solos los dos*, con Marisol cantándole aquello de «Yo no quiero ser torero» a Palomo Linares, ya nada nuevo en esta plaza. En el transcurso de 1968 el ICAIC estrenó

108 películas de 17 países: Japón (18), URSS (14), Francia (14), Hungría (8), Reino Unido (8), Italia (7), Brasil (7), Bulgaria (5), Cuba (5), España (5), Rumania (4), Polonia (4), Suecia (3), México (3), Checoslovaquia (2), Argentina (1) y Bolivia (1)[53]. Alexander Kluge indagaba metafóricamente en el incierto estado de las cosas por medio de *Artistas bajo la carpa del circo: perplejos*, exponente de la vitalidad *in crescendo* del nuevo cine alemán nacido oficialmente con el Manifiesto de Oberhausen en 1962. El georgiano Serguei Paradzhanov intentó con su personalísimo universo volcado en *El color de la granada*, eludir la acechante censura. Mientras, Sergio Leone, con la complicidad en el guion de Bertolucci y Argento, concebía para el *Western Spaghetti* una de sus obras maestras: *C'era una volta il West*, título original desvirtuado luego como *Érase una vez en el Oeste* a partir de su traducción al inglés. Carlo Lizzani revisaba una página del pasado reciente en *Bandidos en Milán*, mientras Monicelli descubría la faceta como comediante de Mónica Vitti, *La chica con la pistola*, encasillada hasta entonces por Antonioni en sus atormentados personajes de la tetralogía de la incomunicación. Deseosa de vengarse del amante que la abandonó, ella va a parar a Londres, donde otra chica, la británica Marianne Faitfull, a bordo de su motocicleta recorrerá las calles y carreteras filmada por el gran fotógrafo Jack Cardiff, en búsqueda de su príncipe azul, un Alain Delon que acaba de intervenir junto a Charles Bronson en *Adiós al amigo*. Jean-Paul Belmondo, su eterno rival en las carteleras caracteriza a un delincuente en *Ho!*, de Robert Enrico, editada por nuestra Jacqueline Meppiel, integrante del núcleo fundador de la Escuela de San Antonio de los Baños.

Steve McQueen conducía intrépidamente su auto por las calles de San Francisco en la espectacular e imitadísima persecución de *Bullitt*, Cassavetes iluminaba con *Faces* el cine más rabiosamente independiente, al que se aproxima un jovencísimo Brian de Palma al rodar su modesta *Greetings*; el resquebrajamiento de los censores permite que el atisbo del preterido tema de la homosexualidad en *El detective*, de Gordon Douglas y *El sargento,* de John Flynn. Joseph Losey, que continuaba refugiado en Europa a donde lo condujo la cacería de brujas

---

[53] En el caso de Francia e Italia se incluyen coproducciones entre los dos países, e incluso con España.

macarthista, halla en la literatura argentina, un cuento de Marco Denevi, el pretexto para reunir en una *Ceremonia secreta* a la veterana Elizabeth Taylor y la novel Mia Farrow, el mismo año que se cortó el pelo por exigencias del polaco-francés Roman Polanski para *El bebé de Rosemary*, título de culto que dividió el género en antes y después, en los mismos meses que aterrorizaba en las salas *La noche de los muertos vivientes*, del recién desaparecido George Romero, quien tuvo ancestros cubanos.

El año de *El planeta de los simios*, de Franklin J. Schffner, marcó también una línea divisoria en la ciencia ficción el inclasificable Stanley Kubrick con *2001: una odisea del espacio*. Platós londinenses sirvieron a Freddie Francis para resucitar un rentable mito en *Drácula vuelve de la tumba* y a Lindsay Anderson para proferir ese alarido anticonformista que es *If...*, galardonada al año siguiente con la Palma de Oro en Cannes. Bergman estrena en febrero *La hora del lobo* y en septiembre *La vergüenza*, que rueda en la tranquilidad que le proporciona la isla de Färo. El húngaro Miklós Jancsó encuentran en las planicies el lugar ideal para los planos secuencias de *Silencio y clamor*, a los cuales confiere especial función con el fin de remontarse al pasado para hurgar en el presente de su país.

No obstante la presencia de un otoñal Fred Astaire, un tal Francis Ford Coppola daba un traspiés con el musical *El valle del arcoíris*, pero una contribución estimable nutría el género: *Funny Girl*, de William Wyler, revelador del talento de una desconocida Barbra Streisand. Por entonces, el bailarín y coreógrafo Bob Fosse decidía incursionar como director con *Dulce Caridad*, sobre su exitosa versión en Broadway de *Las noches de Cabiria,* de Fellini. Ante la imposibilidad de llevar adelante su proyecto de filmar El *viaje de Mastorna*, el prestidigitador que hizo aparecer *Ocho y medio* en el olimpo del cine, se unía al largometraje colectivo *Historias extraordinarias*. Eligió el relato de Poe «Nunca apuestes tu cabeza al diablo» que otorgó protagonismo al actor británico Terence Stamp, a quien Pasolini asignó por estos agitados meses al papel del personaje desestabilizador de una familia en *Teorema*. Franco Zeffirelli, amigo de Pasolini y asistente de Visconti detrás de la cámara y de sus puestas en escena, impacta a todos con su personalísimo

Romeo y Julieta. Es la única adaptación de la tragedia shakespereana respetuosa de las edades de la pareja y frente a su perfección formal, secundada por la música de Nino Rota, uno olvida todo el texto y las escenas sacrificadas, entre estas el duelo de Paris en el cementerio.

Ante el elenco, encabezado por Simone Signoret y Vanessa Redgrave, de la versión por Sidney Lumet de *La gaviota* chejoviana, pocos se percatan de una endeblez desacostumbrada en el cineasta. A quienes no pudimos ver en su momento *Doctor Zhivago*, de David Lean, nos permitieron entrever el talento de Julie Christie en *Petulia*, de Richard Lester. Tuvimos que conformarnos con admirar a su coterránea, la Redgrave —inolvidable en *El caso Morgan*—, en su personificación de la célebre bailarina Isadora Duncan, a las órdenes también de Karel Reisz, de quien Ediciones ICAIC publicó *Técnica del montaje*. *Kes*, de un novato Ken Loach, nunca se estrenaría en la isla, como tampoco *Muerte por ahorcamiento*, del japonés Nagisa Oshima, otro artífice generador de controversias. Nuestros cinéfilos tendrían acceso a *La mujer infiel* y *Las ciervas* correspondientes al prolífico Claude Chabrol, en las funciones de la Cinemateca de Cuba.

Transcurre el mismo «Año del Guerrillero Heroico», como denominaron en Cuba a 1968 en que el dictador Stroessner, en elecciones fraudulentas, fue reelegido como presidente de la nada distante Paraguay, el estudiante uruguayo Líber Arce fue herido en agosto durante una manifestación contra la dictadura de Jorge Pacheco Areco y las tropas soviéticas, con cinco mil tanques invadieron Checoslovaquia para dar el tiro de gracia a la Primavera de Praga. The Beatles, íconos trasladados al cine de animación con *Yellow Submarine*, lanzaban su canción «Hey Jude» un mes antes de que en Canoa, México, los pobladores linchen a cinco estudiantes universitarios, y poco más tarde en la Plaza de las Tres culturas de la capital mexicana la policía desencadene en una manifestación estudiantil la masacre de Tlatelolco. El derramamiento de sangre no impedirá que el 12 de octubre se inaugure en la Ciudad de México, la décimo novena edición de los Juegos Olímpicos. *El grito*, documental de Leobaldo López Aretche, registrará en celuloide la atmósfera imperante, todo lo contrario al *Por mis pistolas*, dirigido por Miguel M. Delgado con el inefable Cantinflas.

En tanto Leopoldo Torre Nilsson desempolva en la pantalla el *Martin Fierro* y Hugo Santiago consigue la colaboración nada menos que de Jorge Luis Borges y Adolfo Bioy Casares en el guion *Invasión*, aún sin estrenar en esa fecha, desde esa Argentina, Fernando Solanas y Octavio Getino reflejarán en su película-manifiesto *La hora de los hornos*, ese tenso clima en un continente generador no solo de estos estallidos sociales y de focos guerrilleros, sino de todo un movimiento cinematográfico —quizás el único que agrupe a países y creadores tan disímiles— el Nuevo Cine Latinoamericano. El peruano Armand Robles Godoy estrena *En la selva no hay estrellas,* el chileno Raúl Ruiz sus *Tres tristes tigres* y *Fando y Lis*, de su compatriota Alejandro Jodorowsky atraen furibundos fanáticos y detractores en idéntica proporción. Arturo Ripstein tropieza al adaptar *Los recuerdos del porvenir*, novela de Elena Garro. Confluyen en Cuba los estrenos de tres títulos de ficción, pronto devenidos clásicos en el contexto iberoamericano: *Aventuras de Juan Quinquin*, de Julio García Espinosa, *Memorias del subdesarrollo*, de Tomás Gutiérrez Alea y *Lucía*, la deslumbrante opera prima en el largometraje del joven Humberto Solás.

Recorrimos en este vertiginoso *travelling* ese año de los hornos que fuera 1968, iluminado con toda brillantez por un conjunto de filmes que trascendieron esos intensos doce meses que culminaran el 11 de diciembre con el estreno en Estados Unidos de *Oliver!,* revisitación en clave musical de Dickens por Carol Reed laureado con el Oscar al año siguiente. La première ocurrió un día antes de la enésima detonación en Nevada de siete bombas atómicas, a dos días de que el presidente brasileño Artur da Costa e Silva señalara el comienzo de los peores años de la dictadura militar y a una semana de que Mao Zedong ordenara que los jóvenes educados en la ciudad fueran reeducados en el campo. Miguel Littin preparaba *El chacal de Nahueltoro*, Buñuel, *La Via Láctea*, Schlesinger *Vaquero de medianoche*, Dennis Hopper su *Easy Rider*, Fellini su *Satyricon*, Jorge Sanjinés su *Yawar Mallku*, Hitchcock aprovechaba una novela distorsionadora de la Revolución cubana para urdir una de sus peores películas, *Topaz*. Manuel Octavio Gómez daba los toques finales a *La primera carga al machete*, muy superior a *La pocilga*, de Pasolini, según los críticos que reseñarían sus estrenos en el Festival de Venecia. Para esa fecha, el greco-francés Costa-Gavras, había inscrito ya la letra *Z* en el alfabeto del cine.

Pandemónium '68. Música y cine en el año del mono

Mario Espinosa

And the stars look very different today.

David Bowie, 1969

Fue Joe Strummer, filósofo conocido por ser el líder de la banda The Clash, quien dijo que 1968, definitivamente había sido un gran año para ser mayor de edad. El mundo estaba a punto de explotar. París, Vietnam, los hippies y un universo contracultural explotaba como volcán en erupción. Él aseguró que todo aquello le abrió las puertas del punk, sin embargo, para ese año ya otros habían visto abiertas las puertas de la percepción. Lo que conocemos como contracultura es el resultado de seguir el camino opuesto. En una Sociedad de posguerra con un sistema de valores encontrados y mutilados, lo antisistema lo anti-modélico, lo no conservador, ya era en la década de los 60 el camino alternativo, había otra saeta que seguir. Y lo que conocemos como psicodelia es precisamente un espacio-tiempo torcido en sí mismo con nuevas reglas de percepción de la realidad. Comenzó como un tratamiento médico, luego fue un ritual místico, una moda, una estética, un cliché, un subgénero del rock, y un estilo de vida.

Como Colón y las Indias, la historia de la psicodelia tiene su origen en el error. Un científico en suiza que investigaba la capacidad de un hongo, conocido en la Edad Media como El Fuego de San Antonio, para fomentar la circulación de la sangre. Lo ingirió por accidente y luego dio un viaje en bicicleta en abril de 1943. La sustancia, conocida como mezcalina comienza a usarse en hospitales psiquiátricos para tratar la esquizofrenia, científicos como Albert Hofmann y Homphry Osmond, pensaban que reconstruyendo la experiencia del enfermo comprenderían su percepción de la realidad o, lo que es decir también, observarían los colores del delirio. Una especie de atajo, de juego sucio o trampa a la psicología y a la propia mente.

Junto a esos nombres, "pioneros psicodélicos se le ha llamado", aparece citado también el de Aldous Huxley.

Entre el escritor *Un mundo feliz* y Osmond viajaron un par de cartas que terminarían bautizando la nueva experiencia perceptiva como "psicodelia". Era una suerte de juego de palabras lanzado por Huxley y reinterpretado por Osmond. El primero le envía un verso: "Para conseguir un mundo sublime, toma medio gramo de *phanerothyme"* Y el otro le responde: "Para hundirte en el infierno o elevarte hasta el cielo toma un poco de algo psicodélico"

Por esos años Huxley escribe *Las puertas de la percepción*, un testimonio, disfrazado de ensayo sobre su experiencia con la nueva droga. En el texto, Huxley hace referencia al tiempo, a la poesía, a las imágenes en el arte, en la realidad y en los sueños. La obra, por redundante que suene, es un muestrario de visiones. El sentido de lo sinestésico se enfila otra vez hacia Blake y Baudelaire: "es así como deberíamos ver" dice Huxley "Así son realmente las cosas" Todo es revelación en sus palabras, similar al diario de Colón: "La mezcalina procura a todos los colores un mayor poder y hace que el perceptor advierta innumerables finos matices para los que en tiempo ordinario es completamente ciego." Luego el escritor encuentra los narcisos de William Wordsworth en las cuatro patas de una silla en la habitación. Ya llegada la década del sesenta, era fácil conseguir el LSD, una droga que aún no había sido penalizada y que comenzaba a ser como una suerte de complemento para un sonido específico. Tal distorsión estimulaba los canales perceptivos, la música cobró otra dimensión en otra dimensión. La juventud molesta, la nueva generación, tan perdida y maldita como suelen estar las nuevas generaciones, había encontrado sus íconos, otros músicos que expandían su creatividad con el uso del LSD. En américa, Grateful Dead –la banda preferida de Allen Ginsberg–, Jefferson Airplane y también Janis Joplin, se perdían en extensas improvisaciones con letras referentes a las drogas al sexo libre, y siguiendo la ruta poética de los beat. La contracultura se basaba en el escape una sociedad alternativa no solo horizontalmente, es decir en un sentido sociopolítico y económico, sino también hacia adentro. La psicodelia fue el soundtrack de ese viaje.

La escena musical en los sesentera estuvo muy influenciada por un, músico y su leyenda. Es conocido por haber vendido su alma al diablo y por haber nacido dos veces. Robert Johnson nació (por primera vez) en 1911. Tal vez sea uno de los músicos más influyentes y mitificado de la historia. Johnson es el "Black Star" de ese oscuro sur sin ley. Su sonido es posiblemente la base de todo lo que luego se llamó rock and roll, rockabilly, heavy metal, e incluso psicodelia. Johnson fue un personaje de las sombras, bluesman condenado al mito, su biografía es turbulenta, rara, especulativa. Solo dos fotos suyas veintinueve canciones y un certificado de defunción, son los testigos de su existencia.

En la garganta del rock suena la voz de quien se dice canjeó su alma con el mismo diablo. Mick Jagger y Keith Richard, Clapton, Hendrix, Rory Gallagher, Peter Green, Johnny Winter, Grateful Dead, John Spencer Blues Explotion, Lou Reed, luego Nick Cave y Jack White. Son algunos de los dementes que han sondeado el legado de Robert Johnson. Antes de 1967 solo se conocían la mitad de sus grabaciones, la otra mitad había sido devorada por el tiempo. En esta década Inglaterra le recuerda a Estados Unidos la fuerza de su propia música. Los festivales de folk y blues que se realizaban en Europa fueron formando o alimentando la esencia anímica que podríamos rastrear en reversa hasta chocar con el Romanticismo de ese mismo país.

El blues no es solo un sonido, no es técnica, no es práctica. Es un arte genuino, muchas veces producido con guitarras afinadas azarosamente o por alguna tradición familiar que llega del África. El Sonido hipnótico, y prematuramente psicodélico de Skip James, la fuerza de la guitarra metálica de Son House o la oscuridad de los ritmos de Robert Johnson sedujeron a los protagonistas de la escena sesentera por la sinceridad de estas propuestas sonoras de casi cuarenta años. En 1964 un músico que más tarde se uniría a Frank Zappa en Mothers of Inventions, encuentra a Skip James, *bluesman* perdido en el tiempo desde los años 30, olvidado y enfermo de cáncer en un hospital de Mississippi, le da la oportunidad de volver a tocar en el festival de Folk y Blues del 67; el mismo año en que se publica el álbum de las grabaciones completas de Robert Johnson (Su segundo nacimiento). Keith Richard y Mick Jagger oían por primera vez un tema llamado *Love in Vain* mientras que los sesos de Eric Clapton explotaron con *Cross Road Blues*. Brian Jones hace oír a Keith Richard el álbum… "Quién es ese" pregunta el guitarrista de los Rolling Stones, "Pues Robert Johnson" Responde el otro "Sí, pero quién más toca la guitara junto a él" A este músico le tomó un tiempo percatarse de que aquel sonido salía de las manos de una sola persona. Entonces, *Love in Vain* entusiasma a los Rollings a lanzar una versión del tema que termina por ser un poco más *country* y mucho más *light*. Lo mismo hace Clapton con *Cross Road Blues* lo filtra por el sonido heavy-rocanrolero de su banda Cream, juega con *Crossroad* y definitivamente hace un gran canción, pero reconoce que la mayor parte del disco está fuera de su alcance o lo respeta mucho como para tocarlo.

Si abrimos con un sable el pecho de todas estas bandas se vería el sonido del diablo en su médula. Como cantó Jackson C. Frank "where ever I go where I been and go the blues run the game" Incluso en el cosmos explorado por Pink Floyd aparece el blues antes del despegue. El nombre de la banda se debe a la fusión de Pink Anderson y Floyd Council, dos bluesman de los años 30. Los Rolling Stones fueron y son una banda de blues desde su origen, son como una suerte de proto-punk-blues. Y los Beatles nacieron por la obsesión *teenager* de John Lennon por ser como Elvis Presley.

Entre la influencia de la música sureña pensada para existir fuera de la iglesia y la 1968 fue un gran año para el rock: *A Saucerful of Secret*, disco de Pink Floyd icónico por marcar la partida de Syd Barret y la llegada de David Gilmore, Velvet Underground y su primer disco sin Nico, Hendrix conocido como la estrella caída del cielo que dejó sin trabajo a Clapton y a Pete Townshead, guitarrista de los Who. Los Stones, revelaban su simpatía por el diablo. Robert Wyatt le regalaba el Jazz experimental al rock psicodélico lanzando el primer volumen de Soft Machine, Jim Morrison y sus puertas habían abierto todo un laberinto por recorrer y los Beatles con un Album Blanco que no es tan blanco como dice ser, pues algunas de sus letras podrían conformar el manual del suicida, volvían a revolucionar la música pop.

Entonces ¿Qué hizo el cine ante este espectáculo de luces y sonidos? Si Su materia prima ya estaba en uso. Las visiones no aparecían en una pantalla sino en la mente. Lo contemplativo había alcanzado su extremo más quieto. Cerrar los ojos sería lo único necesario para explorar el universo de la imagen.

Yo creo que de alguna forma, el cine cerró los ojos también. Varios directores no se confundieron en un límite difuso y aterrador, por el contrario, fluyeron junto al río de la contracultura y sacaron el mejor partido de sus nuevas revelaciones. El cine y sus luces se unieron a este pandemónium, el 68 fue una gran noche de Walpurgis.

Uno de los filmes que condensó la esencia de toda esa década se rodó precisamente en el 68 y aunque en términos legales la obra maestra *Performance* se ficha como parte de la filmografía de 1970. La historiografía del cine apunta hacia el hecho de que el retrato ideotemático más fiel a ese año y a esa década, fue aquel experimento dirigido por Nicolas Roeg y Donald Cammell.

Sexo, drogas y Rock and roll. Por supuesto. Pero también apocalipsis, misticismo y psicodelia. *Performance* representa lo que siente una época, no hay duda de que a allí pertenece. Drogas que se consumen con una espontaneidad muy pocas veces vistas en el cine occidental hasta aquel momento, violencia extrema deliciosamente gráfica, y libre. Se puede pensar en Roeg y su cámara a la ve que en Hendrix y su guitarra. Si me referí antes al cine cerrando los ojos es porque este filme es tan íntimo, tan encerrado y oscuro (hermosamente oscuro) personal, anímico, que tiene el mérito de lo incomprensible, en un sentido individual, o incomprensible, como un distorsionado viaje psicodélico.

El tema de *Performance* es el escondite. Pero hay dos tipos que de alguna forma se complementan. El de la no participación, ejemplo claro sería *El graduado* (filme de 1967) con música de Simon and Garfunkel, quien trabajara con Roeg unos años después en *Bad Timing*. O la peculiar escena de *If...*, filme de Lindsey Anderson donde Malcom McDowell fusila uno a uno a los íconos impuestos por una sociedad podrida.

Pero el escondite de Roeg es mucho más metafísico no es simplemente un paréntesis imaginario en el cual sumergirse, como aquel que usaría Bertolucci cuando sus "durmientes" escaparon del París de 1968. Digamos que trasciende la anarquía y la apatía. Y ha traído dos monstruos a convivir en ese hueco. Para este año ya los Rolling Stones representaban la desobediencia eran seguidos por una generación completa que veía en ellos un ícono de libertad individual. Por otro lado el cine de gánster había perfilado un personaje tipo lo bastante profundo como para explorar sus sombras.

El performance queda hecho con dos raros ejemplares. Una estrella de Rock and Roll y un Gánster se fusionarían en un espacio mínimo mientras que el mundo se derrumba afuera. Mick Jagger y James Fox. Espíritu y Carne. Alquimia y Violencia. Vino y sangre. Todos esos ingredientes terminan juntos en un *Mojo*.

Roeg, junto a la mente literaria de Donald Cammell, comprendió todo. *Performance* es esencialmente imagen y sonido sesentero. Y si no se olvidaron de la psicodelia o de Williams Burrows, quien aparece en un cuadro, tampoco pasaron por alto el blues. Jagger desde las sombras, tiene una guitarra en sus manos y deja salir dos canciones de Robert Johnson. En la segunda se escucha este verso blusero:

Early this mornin' when you knocked upon my door
Early this mornin' when you knocked upon my door
And I said, "Hello Satan I beleve it's time to go"

Otros filmes de este año tienen viajes y demonios. *2001 una odisea del espacio* es la película hija preferida de la psicodelia, por la fidelidad con la que representa un viaje con LSD. Realmente logra trascender, sin químico alguno, salvo la sugestión en la mente del espectador, y como nunca antes en el cine, el concepto verbal, la identidad, la dimensión espacio-tiempo. Stanley Kubrick tiene el gran mérito de lograrlo dejando a su espectador en un estado meditativo, susceptible y sensorial. Pareciera que sus imágenes cargaran con el método antiguo para la desaparición de la conciencia. He aquí un *shoot* al corazón de un concentrado de ejercicios de yoga, meditación disciplinada, e incluso religiosidad.

Recalcable además, el hecho de que Kubrick está jugando a hacer dos viajes a la misma vez. Por un lado, mimetiza, o monta su filme "futurista" sobre los preceptos occidentales de la conquista lo exterior. Un viaje en busca de lo que está afuera sin importar que todavía no tengamos idea de lo que pasa dentro. En la cultura occidental, las últimas fronteras de nuestra conquista material del universo están en el espacio exterior. Nuestros astronautas son nuestros héroes y heroínas extremos. Entonces *2001…* no es más que una paradoja, un círculo infinito el viaje hacia lo exterior se tuerce y retorna. El piloto vuelve a nacer.

La misma paradoja en la bala que James Fox dispara hacia la cabeza Mick Jagger. El metal entra en la mente, y se encuentra con Jorge Luis Borges (intelecto) o una suerte de "el todo", vuelve a salir y vuelve a entrar. Mick Jagger está vivo y se va.

Stanley Kubrick y Nicolas Roeg no han creado astronautas sino "psiconautas", como también lo hizo Alejandro Jodoroski cuando condujo a sus personajes Fando y Liz (también de 1968) buscaran un "mundo feliz" e inexistente llamado Tar.

En esos falsos viajes hacia el exterior, en ese espacio intermedio entre el exterior y el Yo esencial, se esconde la filosofía y teosofía oriental. Muchos fueron hacia allí tras la experiencia psicodélica. El ensayista Timothy Leary escribió: *La experiencia Psicodélica, Manual basado en el Libro tibetano de los muertos.* Así como Huxley, durante su viaje con mezcalina intentó describir un búcaro de flores con un haiku de Shiki:

Rosas:

Las flores son fáciles de pintar;

Difíciles las hojas

También, cuando más perdido estuvo recordó seguir lo que *El libro tibetano de los muertos* llama "la clara luz".

Incluso los integrantes de Pink Floyd tampoco se separaron de un camino hacia el oriente. Cuando Roger Waters escribió *Set the controls to the heart of the sun*, uno de los temas más psicodélicos y hermosos del álbum del '68 A Saucerful of Secret, lo hizo con una antología de la Poesía Tang en su mano. Por lo que uno de los versos de la canción que evoca a un solitario y su vino sobre una montaña, presenta ante el rock de los sesenta, ante Li Po, el inmortal desterrado, un antiguo poeta chino que se ahogó borracho en un río intentando llegar a la luna a través de su reflejo. Es curioso que al año siguiente la humanidad alcanzara la luna.

L.B.J. de Santiago Álvarez en el Festival de Cine de Leipzig de 1968: Estéticas, Activismo y Archivos.

Jennifer Hosek

Cuando pensamos Cuba en un contexto trasnacional, tendemos a hacerlo desde las relaciones inter- americanas; o desde sus vínculos con la Unión Soviética y el CAME. Rara vez pensamos en la relación entre las Alemanias—la RFA y la RDA--y Cuba.

Una buena parte de mi trabajo se centra en este último vínculo. En él, los archivos juegan un papel interesante. Por supuesto, los archivos están permeados por las finanzas y la política, de ahí que los documentos existentes no cuenten toda la historia.

En el caso de los archivos alemanes, por ejemplo, las instituciones de investigación bien financiadas que poseen los archivos importantes de la centralizada y robustamente administrada Alemania Oriental (R.D.A.), están abiertos al público. Sin embargo, los archivos de la Alemania Occidental (R.F.A.) como pretenden contener registros de la Alemania contemporánea, están abiertos de manera selectiva.

Por otra parte, organizaciones con menos fondos - tales como el Festival de Cine de Oberhausen de la Alemania Occidental de izquierda- poseen archivos más escasos.

La exposición completa de la República Democrática Alemana (R.D.A.) permite que, cualquier grupo interesado, ilumine las debilidades, locuras y, en ocasiones, atrocidades, de la nación del estado socialista, el cual culminó su existencia en 1990 al ser absorbida por la República Federal Alemana (R.F.A.), para crear una Alemania Unida. En este sentido, la estructura actual de los archivos en Alemania ayuda a la unificación desde los términos de la Alemania Occidental, facilitando una narración selectiva de la historia. Pruebas de mi evaluación incluye el hecho que se han puesto muchos más fondos de investigación a disposición de proyectos sobre el autoritarismo de Alemania Oriental que en las investigaciones sobre la vida cotidiana de la R.D.A.

Esta situación de los archivos también influye en las historias sobre Cuba y Alemania. Algunas son fáciles de investigar. Por ejemplo, los archivos del Festival de Cine de Leipzig son mucho más extensos y accesibles que los de su equivalente en la Alemania Occidental: el festival de Oberhausen. Mi contribución de hoy se concentra en Leipzig. Sospecho que la historia de Oberhausen debe ser similar.

Pedro Noa y yo colaboramos recientemente en la recepción de Santiago Álvarez en el Festival de Documentales de Leipzig. En 1965, este legendario director cubano ganó su primera Paloma de Oro con *Ciclón*, un documental a menudo anunciado como el inicio de la vanguardia artística cubana, y expresión de una tragedia nacional en un momento de los inicios de la nación revolucionaria.

 Álvarez logró establecer una fuerte y duradera relación con la Alemania Oriental, ganando muchos galardones, entre los que se incluían varias Palomas Doradas en Leipzig.

Usaré la obra de Álvarez realizada en 1968, *L.B.J.* (Lyndon B. Johnson), de 18 minutos de duración, para argumentar de qué modo el Festival Internacional cinematográfico de Leipzig, como "Ventana al Mundo", fomentó la producción de la industria cinematográfica cubana, al mismo tiempo que amplificaba solo aquellos mensajes fílmicos que el Norte ("Primer y Segundo Mundo"), los Estados Unidos y el Bloque Soviético, querían resaltar.

El Festival de Leipzig y el cine del ICAIC

Alemania Oriental inauguró el festival en 1955, solo seis años después de su propia fundación en 1949. Su primera agenda fue promover la unificación de Alemania oriental y occidental. Como esto se volvió poco realista, el festival se reorganizó, internacionalizándose e incorporando más cultura de debate. El Ministerio de Cultura de la R.D.A. procuró menos influencia del público y, para 1960, participaban en el Festival más de 20 países, 100 películas y muchos cineastas famosos, generando así una reflexión deliberativa simplemente por el hecho de tener tanta heterogeneidad.

Sin embargo, el festival continuó siendo expresión de una época politizada. Christiane Mückenberger, especialista de cine y directora del Festival desde 1990 hasta 1993, escribe sobre proyecciones secretas de películas de "maletas". Según Mückenberger, los parámetros aceptables del debate cambiaron en la medida en que la política del Bloque contemporáneo consideró no bienvenidos al anarquismo, el trotskismo y el maoísmo. Al mismo tiempo, el Festival buscó una mayor solidaridad con el "Tercer Mundo".

En esta constelación, la agenda doméstica de Cuba, dirigida a mejorar las vidas de sus ciudadanos, fue bien recibida, ya que consideraba al socialismo estatal organizado como popular y en expansión internacional. No obstante, el movimiento de Cuba hacia una política exterior no alineada, que produjo las críticas de ambos Bloques, fue menos bienvenida.

La película de Álvarez sobre el discurso de Fidel Castro acerca del levantamiento de Praga de 1968 fue prohibida. Aparentemente, porque el tema en sí mismo era divisivo (los temas de París y Praga como tal también fueron prohibidos.) La postura en gran parte pro-soviética de Castro, así como la crítica simultánea a aspectos del Bloque soviético continental, habrían generado un debate no deseado.

Pedro Noa y yo estábamos interesados en saber por qué la presentación de *L.B.J.* en el festival de 1968, no tuvo un éxito sólido. ¿No era deseable la crítica a Estados Unidos y el apoyo al cine cubano? Para responder a estas preguntas, resumiré brevemente el significado de Leipzig para la naciente industria del cine cubano, observaré cómo les fue en el festival a las otras películas de este director y consideraré lo que la trayectoria de este certamen sugiere acerca de la probabilidad de que *L.B.J.* fuera seleccionada para una Paloma Dorada.

En el otoño de 1961, año de la invasión de Bahía de Cochinos y la construcción del Muro de Berlín, Cuba se estrenó en Leipzig. Sus películas mostraban sus nacientes sistemas sociales de educación, medicina y gobierno. El Comité Alemán para la Paz otorgó a Cuba su premio anual por "la contribución significativa a la causa vital de la época". Luego, el prometedor director de cine y guionista, Manuel Pérez, calificó la participación de Cuba en Leipzig como "un motor principal de la lucha de todo un continente", declarando que "el programa cubano es el documento y el pulso no solo de nuestro país, sino también de nuestra época ".

Para 1962, las contribuciones de Cuba también eran estéticamente vanguardistas. *Historia de un ballet,* de José Massip, fue galardonada con la primera Paloma de Oro para Cuba. Con una fotografía altamente móvil y una edición cinética, su innovadora secuencia del ballet *Suite Yoruba* anunció la tradición afrocubana, un paso audaz para un país que anteriormente había valorizado el ballet europeo tradicional y convertido en exótico el cabaret con un toque afro caribeño.

Leipzig y Álvarez

El octavo festival, en 1965, se dedicó a la derrota del fascismo alemán y a la solidaridad con el pueblo de Vietnam. Aunque la mayoría de los premios se otorgaron a obras que abordaron estos temas, Santiago ganó con la película militante *Now!,* un corto de seis minutos, realizado con fotos, imágenes de archivo, fragmentos de noticias y la impresionante voz de Lena Horne, para criticar la discriminación racial de los EE. UU. El empleo de esta icónica voz en off por Álvarez etiquetó esta segregación como una nueva manifestación del fascismo. El documental activista parece exigir una violencia manifiesta contra las estructuras de poder de los Estados Unidos; y su mensaje fue favorecido por muchas naciones socialistas estatales, que buscaban fomentar la disidencia dentro del Norte capitalista.

En 1966, Álvarez ganó una tercera paloma con *Cerro Pelado,* testimonio de cómo la delegación deportiva cubana (a la cual se le había negado el desembarco en Puerto Rico), se entrenó para los Juegos Centroamericanos y del Caribe a bordo de la embarcación del mismo nombre que el documental.

Las siguientes dos Palomas de Oro de Santiago Álvarez estuvieron vinculadas a sus puntos de vista sobre la lucha de Estados Unidos en Vietnam. Álvarez viajó a Hanoi en 1966, justo cuando EE. UU. intensificó sus ataques y llegó a filmar el primer bombardeo. Sin embargo, el documental *Hanoi, martes 13,* pone menos interés en la crueldad de la guerra que, —según Álvarez—, hacer una declaración poética sobre "cómo un pueblo produce y vive bajo el bombardeo, se ríe a pesar de las bombas, resiste bajo las bombas y al final, ganará".

Hanoi, martes 13 emplea la misma estructura narrativa que *Ciclón*. Ambos relacionan la brutalidad del desastre natural con la destrucción masiva causada por el hombre. *Hanoi, martes 13* ganó para Álvarez una cuarta Paloma Dorada y recibió el premio de los críticos de cine de la R.D.A.

En 1969, el otro documental de Álvarez sobre Vietnam, *79 Primaveras* es un homenaje al recientemente fallecido Ho Chi Minh. El film se mueve entre el homenaje público y una expresión más personal de admiración por el hombre, el político y el poeta. Le valió, a Álvarez, una quinta Paloma de Oro, entre otros galardones.

L. B. J.

Hanoi… y *79 Primaveras* se enmarcan y resuenan en *L.B.J.* En *Hanoi, martes 13*, Álvarez comenzó a presentar al presidente de los Estados Unidos, Lyndon B. Johnson, como una figura culpable y cruel.

L.B.J. se apropia transtextualmente de las imágenes visuales y cinematográficas existentes, como recortes de noticias e íconos de la cultura popular, dibujos animados, gráficos y música para crear nuevos argumentos radicales mediante el contrapunteo y el montaje. *L.B.J* es más explícito que *Hanoi….* Argumenta que Johnson fue directamente responsable del asesinato de John F. Kennedy, Martin Luther King Jr. y Robert Kennedy.

Mientras *Hanoi…* y *79 Primaveras* obtuvieron un inmenso favor en el festival de Leipzig, *L.B.J.* fue exhibido con poca fanfarria oficial y no recibió ningún premio. No ha surgido información específica en los archivos sobre las deliberaciones relacionadas con *L.B.J.* Hay incluso menos información sobre su paso por el festival de Alemania Occidental de Oberhausen, donde la película se exhibió en 1969 y, de manera controversial, solo recibió elogios del foro juvenil.

En Leipzig, la obra de Álvarez, su reputación y la similitud estética de estas tres películas, hicieron que se esperara un premio. Muchos informes periodísticos de ambos bloques elogian a *L.B.J.* Algunos lo llaman el mejor trabajo del festival y cuestionan su tratamiento.

En la revista cubana *Bohemia*, la delegación cubana criticó tanto el rechazo durante la competencia de varias películas latinoamericanas sobre la revuelta armada, como el fracaso de *L. B. J.* al no ganar un premio. La documentación del festival menciona que Álvarez también tuvo problemas con la categorización de las películas del Festival. Tal vez creyó que el resultado afectó negativamente a *L.B.J.*., quizás no estaba de acuerdo con el rechazo a la proyección pública de su documental con el discurso de Fidel sobre el levantamiento de Praga, a pesar de lo poco probable que hubiera sido su proyección.

En nuestra opinión, el trato de *L.B.J.* en el festival de 1968 es un ejemplo de cómo las agendas de política exterior superaron los criterios artísticos en ese año globalmente "caliente", durante el cual los movimientos de descolonización en el sur y el norte estuvieron a punto de amenazar el *status quo* creado por los bloques. La investigación de archivos en Alemania demuestra que Leipzig no fue un foro que permitiera una crítica radical de los sistemas socialistas estatales. En esa coyuntura histórica en particular, *L.B.J.* golpeó demasiado cerca de casa.

En 1965, Now*!* había atacado los resultados de la política interna de Estados Unidos. Posteriormente, las películas de Álvarez sobre Vietnam criticaron la política exterior estadounidense. Sin embargo, en 1968, *L.B.J.* atacaba directamente al gobierno de esta superpotencia opuesta. El documental se arriesgó a interrumpir el equilibrio de poder que beneficiaba a aquellos en el lado "frío" de la coexistencia "pacífica".

Por otra parte, celebrar y premiar una película que acusaba a un presidente en funciones de traición y asesinato, suponía el riesgo de arrojar una luz reflexiva sobre las prácticas gubernamentales en otros lugares del mundo.

Estos puntos pueden también ayudar a explicar el tratamiento de Oberhausen para *L.B.J.* Aunque celebrado por su inclinación contracultural, este festival altamente politizado tuvo sus propios dogmatismos. Además, Alemania Occidental dependía de los Estados Unidos y se esperaba que actuara en consecuencia.

Está claro que los administradores del festival de Leipzig estaban sumamente interesados en preservar la calma. Otros festivales en 1968 habían generado protestas y mala prensa concomitante. La R.D.A. esperaba evitar emplear fuerza administrativa o policial. Sin embargo, a pesar del cuidado realizado para seleccionar las películas y los visitantes por adelantado, el director del festival tuvo que lidiar con una resolución, firmada por 22 participantes, entre ellos Álvarez y Joris Ivens, que criticó al festival por excluir las películas "políticamente más importantes" y limitar la "posibilidad de debate público".

En su informe resumido, el director del festival, Wolfgang Harkenthal declaró que estas películas, las cuales no nombra, eran artísticamente de baja calidad y radical de izquierda, que eran principalmente sudamericanas y cubanas, y aunque la protesta vino de sudamericanos y cubanos, la declaración fue catalizada por los occidentales y fue desmentida rápidamente por la mayoría de los signatarios.

Harkenthal señala además que los delegados del Partido Comunista Francés planeaban detener la colaboración con los radicales y los maoístas. La respuesta oficial de Harkenthal respalda nuestra opinión de que el liderazgo de Leipzig apuntaba a un frente cinematográfico unificado y pacífico.

Contribuciones como *L.B.J.* articularon un mensaje subversivo y antigubernamental que no fue bien recibido por su potencial de desestabilización. De hecho, su lógica cinemática resonó con la agenda de descolonización que proponía la no alineación de Cuba, la cual seguía siendo una espina clavada en el lado del Bloque Soviético, contento de tener su isla del sur en el patio trasero de los EE. UU., con el propósito de que llevara a cabo ciertas guerras de poder, siempre y cuando estuviera dispuesta a seguir las disposiciones soviéticas.

El año después. Dislocación y deconstrucción de la imagen en 79 primaveras (Santiago Álvarez, 1969) y *Le gai savoir* (Jean-Luc Godard, 1969)

Miguel Alfonso Bouhaben

1. Introducción

Las transformaciones sociales y políticas acaecidas tanto en Europa como en América Latina, en 1968, abrieron paso a una profunda transformación epistemológica. En el marco del mayo francés, la crítica social generalizada, la huelga salvaje, la reapropiación de la calle y las nuevas formas de auto-organización de los movimientos sociales son los elementos que configuran una ruptura de las continuidades políticas hegemónicas. Ahora bien, estas rupturas políticas tienen su correlato epistémico, en la medida en que posibilitan la emergencia de formas de pensamiento disruptivas y críticas. Es, justamente, en el marco de mayo del 68, donde comienzan a cobrar potencia crítica las propuestas filosóficas de los neonietzscheanos franceses como Michel Foucault y Gilles Deleuze. Para Foucault (1984) la irrupción imprevisible de mayo del 68 es la condición de posibilidad para reflexionar sobre el concepto de acontecimiento, el cual define como una red policausal que posibilita la emergencia de una discontinuidad que rompe la regularidad histórica. Sin duda, esta idea de irrupción del acontecimiento guarda similitudes con el concepto deleuziano de flujo asignificante. Para Gilles Deleuze (1971) toda sociedad está compuesta de flujos que son codificados y resignificados por la sociedad con el fin de ser entendidos. El problema radica en que, cuando estos flujos no pueden ser codificados, entonces pueden ser perturbadores para la sociedad que, como apunta Deleuze, a lo que más teme es al diluvio. Así, mayo del 68, para el pensador francés, no es otra cosa que un flujo no codificable y no territorializable sumamente peligroso para los poderes dominantes.

Igualmente, en el ámbito de las luchas emancipadoras de América Latina en el 68, emergen rupturas epistémicas respecto a la praxis teórica dominante. La Teoría de la dependencia y la Teología de la Liberación son quizás dos de los movimientos teóricos contra hegemónicos más relevantes de Latinoamérica durante los sesenta. Respecto a la Teoría de la dependencia, cabe indicar que centra su crítica en la teoría económica neoliberal a la vez que muestra cómo las diferencias entre países desarrollados y subdesarrollados se deben a una situación estructural propiciada por un orden injusto y desigual del sistema político- económico del capitalismo.

Por su parte, la Teología de la Liberación va a denunciar esa violencia estructural del capitalismo a través de la idea de salvación cristiana, que no puede ser posible sin la liberación político- económica. Uno de los prepuestos fundamentales de la Teología de la Liberación consiste en considerar que la situación de desigualdad de los países latinoamericanos es un pecado social, esto es, un pecado estructural cometido por los poderes económicos. Y, al igual que los teóricos de la Dependencia, van a abogar en su quehacer teórico por la liberación de los oprimidos[54].

Lo que resulta de interés para nuestras pesquisas es que estas transformaciones epistémicas van a entablar un diálogo decisivo con las acaecidas en el ámbito de la estética y, de modo singular, con los cambios en la estética cinematográfica. Durante el mayo 68 francés, proliferan multitud de grupos de cineastas que hacen uso del cine como herramienta para la transformación social y la discusión política. El Grupo *Dziga Vertov* o el Grupo *Medvenkin* van a ser dos de los grupos más activos en la plasmación de las posibilidades contestatarias del cine, en la creación de perspectivas críticas de los acontecimientos y en los modos de interrogar al mundo. Así, las nuevas prácticas en el campo político se proyectan en el ámbito de la creación cinematográfica. Para el Grupo *Dziga Vertov*, por ejemplo, resulta sumamente significativo transgredir el cine de Hollywood con el fin de ir más allá del cine como instrumento para entretener. Se trata de interrogarse políticamente sobre

---

[54] Bouhaben, M. A. (2017). "Poder, violencia y resistencia de la imagen. Batallas audiovisuales en América Latina". *Calle 14: Revista de investigación en el campo del arte, 12(22),* p. 3.

las imágenes y los sonidos y, sobre todo, sobre sus relaciones diferenciales. Se trata de hacer del cine una crisis del espectáculo que permite adoptar una dimensión social, histórica y revolucionaria: un cine políticamente político, un cine de los hechos y de las luchas sociales que se producen en el presente[55] (Bouhaben, 2016). Pero lo que acontece en Europa tiene su eco en Latinoamérica, sin duda entre ambos continentes se forja una mutua circulación de ideas y procesos. Estas rupturas estético-políticas, al otro lado del Atlántico, están representadas por la tendencias que se circunscriben dentro del contexto del Nuevo Cine Latinoamericano de los sesenta. Éste también un cine políticamente político, un cine para las clases populares, un cine de la crítica del subdesarrollo. Para Getino y Solanas, abanderados del Grupo Liberación, la película política es un detonador un "pretexto para el diálogo, para la búsqueda y el encuentro de voluntades. Es un informe que ponemos a la consideración de ustedes para debatirlo tras la proyección"[56] (1969, 366). Por su parte, para Jorge Sanjinés y su Grupo Ukamau entienden que la película política se configura con el pueblo, ya que esto permite incorporar sus posiciones, sus lenguajes y sus perspectivas: "En la filmación de *El coraje del pueblo*, muchas escenas se plantearon en el lugar mismo de los hechos, discutiendo con los verdaderos protagonistas de los acontecimientos históricos que estábamos reconstruyendo, los que en el fondo tenían más derecho que nosotros de decidir cómo debían reconstruirse las cosas"[57]. En ambos casos, el cine es una práctica estética y políticamente política.

Así, teniendo presente este contexto del 68 -donde las rupturas políticas promueven rupturas epistémicas y estéticas- vamos a pensar las tensiones políticas post-mayo del 68, a la luz del análisis y la valoración crítica de dos tácticas de ruptura

---

[55] Bouhaben, M. A. (2016). "Lecciones audiovisuales de marxismo. El Grupo Dziga Vertov y el cine políticamente político". *Revista Latina de Sociología*, 6(2), pp. 1-12.

[56] Getino, O. y Solanas, F. (1969). *Hacia un tercer cine*. En Susana Velleggia, (2010). *La máquina de la mirada. Los movimientos cinematográficos de ruptura y el cine político latinoamericano en las encrucijadas de la historia*. Quito: Ciespal, p. 366.

[57] Sanjinés, J. (1979). "Problemas de la forma y del contenido en el cine revolucionario". En Susana Velleggia. ob. cit., p. 387

cinematográfica. Esto es, de dos gestos de ruptura estética que permiten una expresión política y epistémica.

La primera táctica, la dislocación de la imagen o imagen-dislocación, se hace presente en las inquietantes imágenes finales de *79 primaveras* (Álvarez, 1969). La segunda táctica, la deconstrucción de la imagen o imagen-deconstrucción, aparece encarnada en *Le gai savoir* (Godard, 1969), cuando Emile y Patricia, los protagonistas del film, deletrean las palabras y las imágenes para llegar a su mínima expresión. En ambos casos, se trata de mostrar dos praxis estéticas revolucionarias que aparecen ligadas a procesos políticos y epistémicos, a la vez que manifiestan una irrevocable necesidad de renovación formal frente al totalitarismo del capitalismo estético.

2. La imagen-dislocación en *79 primaveras* (Álvarez, 1969)

El cine de Santiago Álvarez está marcado por una tendencia a pensar o fotografiar las ideas a través de las imágenes. Ahora bien, a pesar de que las ideas no pueden ser fotografiadas ni filmadas, sí es posible buscar estrategias audiovisuales para mostrarlas. En *Now* (Álvarez, 1965), ya podemos ver como mediante los movimientos de cámara, por ejemplo, las materias expresivas del cine pueden alumbrar ideas. A la hora de interpretar una imagen es fundamental hacerse cargo del contexto de su producción. Álvarez extrae las imágenes de periódicos las aísla de su lugar natural y de su circunstancia expositiva, para volverlas a mirar de otra forma. Y esa otra forma de mirar se ejerce de una manera simple, con un sencillo movimiento descendente y vertical de la cámara que sirve para criticar los modos de opresión de la comunidad afro-americana en los USA de los años 60.

Este gesto está teñido de una coloración ensayística, pues hace de la imagen un objeto que sirve para trabajar un concepto. Se trata de proponer una relectura de la imagen, una resignificación de segundo grado que funciona intelectualmente y que supone una puesta en escena de esa trayectoria mental, de ese paisaje cerebral que supone una liberación de la necesidad de "filmar los fenómenos externos"[58], para recapturar el material de cualquier lugar.

---

[58] Weinritchter, A. (2004). *Desvíos de lo real*. Madrid: T & B., p. 92

De los múltiples ejercicios de pensamiento de la imagen, nos interesa aquel que el cineasta cubano pone en marcha en las inquietantes imágenes finales de *79 primaveras* (Álvarez, 1969). La Fig. 1. pertenece a un fotograma de este film que narra la vida de los habitantes de Vietnam durante los ataques del ejército estadounidense. Al final de la película, durante los bombardeos, las imágenes se descarrilan literalmente de su lugar y vemos como emergen los fotogramas de la película en un acto metafílmico con resonancias de una escena de *El hombre de la cámara* de Dziga Vertov, donde se muestra también el propio cuerpo del film.

> "Ningún documental le ha dado vuelta a la dimensión metafórica como si fuera un guante, apuntando hacia el propio cuerpo fílmico, como *79 primaveras*, cuya implosión final exhibe las entrañas de la película"[59].

Esta imagen configura, sin duda, una imagen-dislocación: una imagen que se retuerce, una imagen que se desarticula.

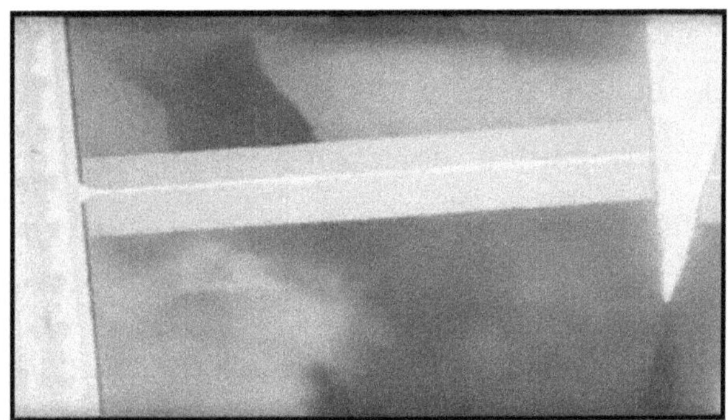

Fig. 1 Fig. 1: Fotograma de *79 primaveras*

¿Qué pretende Álvarez al mostrar la materia de los fotogramas? Sencillamente, que el propio cuerpo de la película sufre también el ataque, y se disloca y tiembla, saliéndose de sus goznes.

La imagen- dislocación es una manera de mostrar una posición política: el imperialismo estadounidense arrasa con toda acción política contraria a sus intereses y el film se mimetiza con los bombardeos para dar una mayor impresión de realismo. Es también un modo de revelar como hay otras imágenes posibles de Vietnam, aparte de la versión oficial del cine de Hollywood.

---

[59] Paranaguá, P.A. (2003). *Cine documental en América Latina*. Madrid: Cátedra., p. 47

Jean-Luc Godard, admirador de la obra del cineasta cubano, y al que dedica un capítulo de sus monumentales *Histoire(s) du cinema* (Godard, 1988-1998), compara la visión de Stanley Kubrick sobre la guerra de Vietnam, visión preciosista, exuberante y bella, con las imágenes de Álvarez que, sin ser tan perfectas, muestran la fragilidad de la guerra a través de la fragilidad de la película, apuntando así a una posición crítica contra esta barbarie del hombre contra el hombre.

El odio de Álvarez a la guerra le lleva a eliminar sus propias imágenes: "Kubrick, en su filme, puede odiar las razones de los norteamericanos, pero saca provecho estético de la guerra. Santiago Álvarez, odia la guerra y lo muestra: infringiendo a las imágenes de guerra todo tipo de procedimientos para destruir los fotogramas y extraer de las imágenes todo el poder de disfrute que puedan proporcionar"[60].

Así, la imagen-dislocación, a través del tratamiento de la imagen, puede ser un procedimiento intelectual para componer una forma estética, política, resistente y contrainformativa, que aporta una crítica con el poder hegemónico de Estados Unidos. Pero, en contra de lo que afirma Lopate, quien considera que el discurso del pensamiento tiene que ser racional, en estas y otras imágenes vemos que el juicio racional va de la mano de una sensibilidad política.

Para María Luisa Ortega: "El cine de Santiago Álvarez nos sitúa en el corazón de la lucha revolucionaria contra el imperialismo y la injusticia en Cuba y en cualquier otra latitud (Vietnam, Laos, Estados Unidos...) y lo hace con un estilo fílmico, escrito, visual y sonoro (porque la palabra escrita, la imagen y el sonido, en todas sus acepciones, funcionan en su obra en paridad) que podría enunciarse como la invasión a un tiempo de los sentidos y la razón"[61].

Para componer la imagen-dislocación, el entrelazado discursivo de las ideas no se ejerce en exclusiva desde la facultad del entendimiento, sino también desde la de la sensibilidad. En el cine de Álvarez la emoción dialoga con el silogismo. De hecho, él mismo afirma que en sus films "reelabora mentalmente, sentimentalmente"[62] con

---

[60] Gardinier, R. (2006). "A Guerra, o fetiche, a infamia e os cartões postais". En www.contracampo.br.

[61] Ortega, M. L. (2008). "El 68 y el documental en Cuba". Archivos de la Filmoteca, (59), p. 81

[62] Castillo, L. y Hadad, M. (1999). "Con Santiago Álvarez, cronista del tercer mundo". Cine Cubano no.145, p. 34

la finalidad de que los espectadores hagan lo mismo. "Apuesta en definitiva por un activar la reflexión del espectador, en pos de conformar conciencias críticas (que distingan entre lo representado y la representación) [...] Este proceso desalienador permitiría "restituir la experiencia" [...] una experiencia histórica"[63].

3. La imagen-deconstrucción en *Le gai savoir* (Godard, 1969)

Le Gai Savoir (Jean-Luc Godard, 1969) es una versión moderna del *Emilio* de Rousseau. Esta idea primitiva termina por transformarse en una película documental sobre el lenguaje y sobre el poder de las imágenes y los sonidos para plantear nuevas preguntas y demarcar nuevos problemas.

Sin embargo, la manera de pensar el lenguaje se rige por un plan revolucionario y crítico que termina por sostener que el lenguaje y las imágenes y los sonidos son un instrumento de poder que extienden los tentáculos de la alienación sobre las mentes de los ciudadanos y, en consecuencia, se hace imprescindible comenzar una laboriosa tarea de desintegración y recomposición; de destrucción y recreación. Este plan revolucionario va a estar fragmentado en tres pasos sucesivos que los propios protagonistas del film: Emile y Patricia, van a enunciar y describir: "El primer año se recogerán imágenes, se registrarán sonidos como se ha dicho, y estos servirá como experiencia. Y el segundo año se criticará todo eso, se descompondrá, se reducirá, se sustituirá y se recompondrá. Y luego, al tercer año, se fabricarán dos o tres modelos de sonido y de imagen".

Cabe señalar que en los ejercicios de descomposición de la imagen, el móvil de Emile y Patricia es la reducción de lo que vemos y oímos a su mínima expresión, a sus componentes primarios, a cero: "disolver imágenes y sonidos". Si las imágenes y los sonidos se pueden aislar es porque son componentes de un complejo, de una multiplicidad. Sin embargo, la finalidad de esta operación de descomposición no es otra que la de liberar a las imágenes y a los sonidos de su encadenamiento para, posteriormente, edificar una trama crítica.

---

[63] Russo, S. (2008). "Imágenes de (con) guerra. Una lectura de 'Now!' y '79 primaveras'". En http://tierraentrance.miradas.net/2008/11/reviews/imagenes-de-con-guerra.html. p. 1.

En este film, Godard inventa un Tartamudeo que disuelve lo que se dice y lo que se ve. Cuando Emile y Patricia, en su tarea revolucionaria, deletrean las palabras y las imágenes para llegar a su mínima expresión, lo que hacen es cortar la unidad de la palabra y la de la imagen mediante una fórmula que no dejan de repetir: "Nosotros disolvemos los sonidos y las imágenes". En una de las primeras imágenes del film, aparecen interrelacionados tres elementos: la voz en off de Emile y Patricia que deletrean las palabras "T-e-l-e-v-i-s-i-o-n" y "c-i-n-e-m-a", las fotografías como instantes suspendidos o unidades mínimas de tiempo, y las anotaciones alfabéticas sobre estas imágenes: "éléments de savoir", "socialisme"

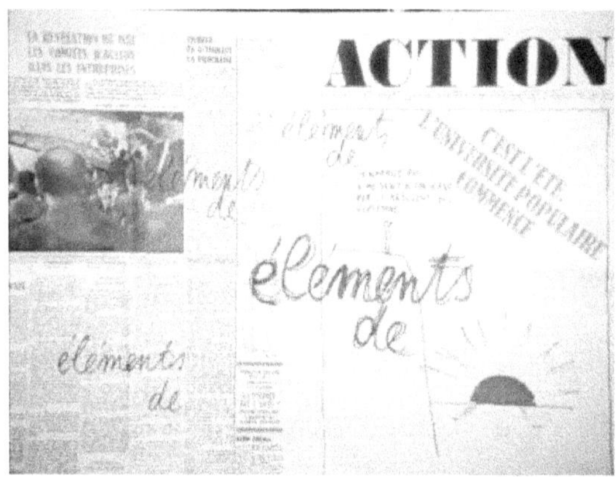

Figuras 2-5. Fotogramas de *Le Gai Savoir*

Entre esos tres elementos fílmicos hay sin duda un circuito heteróclito de relaciones que describen el objetivo compositivo del film: en primer lugar, recoger imágenes y sonidos; en segundo lugar, descomponer esas imágenes y sonidos; en tercer lugar, recomponer y crear modelos de imagen y sonido. El paso de la descomposición o de "cortar lo unido" aparece expresado bajo tres formas diferentes que se comunican entre ellas, que "funden lo separado": lo icónico de las fotografías, lo fónico de la voz en off, y lo alfabético de las palabras escritas sobre las fotografías, pierden su lugar homogéneo y su quietud en un baile que hace a cada elemento abandonar sus límites y su contexto gracias al trabajo de intervención, al ready-made, a la danza disidente o Disidanza entre/con las materias expresivas. De algún modo, la operación de Godard transgrede consecutivamente las prohibiciones de la topología en un movimiento dual: movimiento disyuntivo del Tartamudeo, movimiento de la Disidanza, palabra valija adoptada de la artista Nancy Spiro que sintetiza los conceptos de "disidencia" y de "danza", y que nos sirve para definir las disidencias o rupturas de Godard en el ámbito de la estética cinematográfica, de una nueva sintaxis. Así, Godard hace tartamudear al lenguaje, no lo hace rotar ni lo pliega ni lo contrae, sino que lo rompe para recomponerlo de otro modo, para deconstruirlo, para incrustar una disonancia en el centro de la sintaxis, esto es, en la espina dorsal del sistema de la lengua dominante.

Sin duda, la relación de las operaciones godardianas de montaje, lo que hemos llamado el Tartamudeo y la Disidanza, tienen cierto aire de familia con la deconstrucción de Jacques Derrida. De ahí que hablemos de imagen-deconstrucción. Como apunta Colin McCabe:

"En la película aparece la cubierta del clásico de Derrida *De la grammatologie* (1967). Sería una equivocación dar por supuesto que Godard había leído un libro determinado, pero está claro que *Le Gai Savoir* es un intento de deconstruir las relaciones convencionales entre sonido e imagen"[64].

Por ello, resulta pertinente citar la definición derridadiana de deconstrucción:

"Lo que se denomina la 'deconstrucción' obedece de manera innegable a una exigencia analítica, a la vez crítica. Se trata siempre de deshacer, desedimentar, descomponer, deconstituir los sedimentos, artefactos, presupuestos, instituciones"[65].

---

[64] McCabe, C. (2005), *Godard*. Barcelona: Seix Barral, p. 232.
[65] Derrida, J. (1997). *Resistencias del psicoanálisis*. Barcelona: Paidós, p. 46.

4. Conclusión

Estos dos tipos de imagen, la imagen-dislocación y la imagen-deconstrucción, son ejemplos preclaros del gesto estético que plasma las rupturas políticas y epistémicas acaecidas, a ambos lados del océano Atlántico, en el contexto del 68. La sociedad es un conjunto de elementos resonantes y sistemáticos y, por ello, las transformaciones en uno de sus elementos impactan irremediablemente en el resto. Así, las rupturas de las continuidades de lo político y las novedades de los acontecimientos de mayo, tienen su ruptura correlativa en las formas neonietzscheanas de pensamiento, que ponen en cuestión las regularidades y constantes de pensamiento para vindicar una praxis dionisíaca del saber.

De igual modo, en América Latina, emergieron propuestas epistémicas que rasgaban la lógica de pensamiento dominante y los presupuestos eurocéntricos que estaban en la base de los procesos coloniales. La Teoría de la Dependencia y la Teología de la Liberación resultaban ejemplos significativos de roturas teóricas basadas en los cambios políticos de la región.

En este sentido, no cabe duda que los cambios políticos implementan mutaciones en el quehacer teórico. Ahora bien, estos cambios en lo político y lo epistemológico impactan igualmente en los presupuestos estéticos. Por ello, las formas de expresión artística también van a sufrir mutaciones a partir del 68.

En nuestros ejemplos, hemos pretendido arrojar luz sobre el modo en que las rupturas político-epistémicas atraviesan la expresión estética. La imagen-dislocación y la imagen-deconstrucción tienen ese caracter disruptivo, en la medida en que se construyen a partir de rupturas similares.

Rupturas políticas, rupturas epistémicas, rupturas estéticas. No olvidemos que pensar es acto de ruptura: un acto de resistencia anti normativo.

¡La imaginación al poder!: Ensayo y memoria en los documentales del 68

Pedro R. Noa Romero

El año 1968 es importante para casi todo el planeta, pero tiene un impacto especial en el llamado hemisferio occidental. Recordemos que en esa fecha el Mundo estaba dividido en dos bloques políticos, y en ambos ocurrieron acontecimientos represivos que dejaron sin esperanzas, sin asideros ideológicos, a la mayoría de sus habitantes.

El mayo francés, la primavera de Praga, la masacre de la plaza de Tlatelolco, son, para nuestros días, casi "etiquetas" revisitadas y evaluadas nuevamente desde otras perspectivas, permitidas por el paso de medio siglo. Acontecimientos todos que aluden a manifestaciones de rebeldía en tres puntos importantes del mundo, aunque no los únicos.

Como señala la profesora e investigadora española Paula López Montero, ellos fueron la consecuencia final de una lucha contra el consumismo y de protesta contra los sistemas dominantes en los dos sistemas políticos, ambos propósitos manifestados por una reapropiación de las calles y los espacios públicos, principalmente por jóvenes.

El cine documental tuvo a bien recoger, para la memoria, aquellos acontecimientos. El espíritu incendiario de la década llegó a los filmes con la fuerza de la experimentación, el ensayo, el collage. Su saldo, formas novedosas de acercarse y registrar los acontecimientos, a través de las imágenes y los sonidos. En ellos, el autor- Dios, de moda desde inicios de la década bajo los aires de las Nuevas olas, cedió, muchas veces, su lugar al anonimato.

Las nuevas formas de representar la realidad a través del lente de las cámaras crearon nuevos conceptos, útiles para movimientos posteriores, que no fueron exclusivos de Europa, pues se reflejaron también en América, tanto la anglosajona como la latina.

Propongo un acercamiento a cuatro documentales estrenados en 1968 a ambos lados del Océano Atlántico: Fluxes (Canadá. Arthur Lipsett), El grito (México-Leobardo López), Cinétracts (Francia. Colectivo de autores) y La Hora de los hornos (Argentina. Fernando Solanas y Octavio Getino). Ellos compartieron estéticas y narrativas similares a través del ensayo y la conservación de la memoria de su entorno, apoyados en la resignificación de imágenes recicladas.

En un primer momento, mi aproximación será al trabajo experimental del canadiense Arthur Lipsett (1936-86), quien había logrado, mediante el empleo del found footage y el documental ensayo, recrear el ambiente imperante en los países desarrollados, el mismo que propició las rebeliones y la inconformidad social en una buena parte del planeta.

En especial, me detendré en *Fluxes*, estrenado en 1968, que viene a ser, dentro de su filmografía, el ápice de su mirada acerca de la sociedad sesentista.

A continuación, abordaré uno de los testimonios audiovisuales de la masacre ocurrida en la Plaza de Tlatelolco, México. Concebido en su mayor parte como una crónica del triste y repudiado acontecimiento, *El grito,* fue fruto de las nacientes escuelas de cine latinoamericanas, y en su realización también está presente el found footage y el ensayo como modos contemporáneos de narración dentro del documental.

Por último, me referiré a los *Cinetrácts* rodados en Francia como parte del movimiento político que rodeó a los sucesos de mayo, una de las formas más revolucionarias de abordar el documental, en el cual participaron directores tan creativos como Jean Luc Godard y Chris Marker.

Los presupuestos de los *Cinetracts* están conectados, por su espíritu de agitación, con *La Hora de los hornos*. Los *Cinetrácts* absolutamente innovadores en la forma de narrar, y *La Hora de los hornos* más convencional en el desarrollo de su discurso audiovisual, se unen, sin embargo, a través de las concepciones de paratextos generados, alrededor de cada uno, al calor de los sucesos políticos en que fueron creados.

The life fluxes very nice, very nice

Arthur Lipsett llegó al National Film Board (NFB) de Canadá en un momento en que esta productora estaba ampliando su perfil. Era un estudiante de arte y los trabajos presentados en la entrevista fueron acogidos satisfactoriamente, aunque su interés inicial estaba dirigido a convertirse en escultor.

Al contrario de otros realizadores, Lipsett se interesa más por los desechos de las películas generadas dentro del NFB que por filmar imágenes propias. Con ellas comienza a crear y recrear nuevas visiones sobre la sociedad en la que le había tocado vivir.

En 1961, debuta por todo lo alto con *Very nice, very nice*, una cinta de 7 minutos, nominada a los Premios Oscar en la categoría de Best Live Action Short. Stanley Kubrick la valoró como "uno de los más brillantes e imaginativos usos de la pantalla y la banda sonora que alguna vez he visto"[66].

El film está concebido como un divertimento sarcástico sobre la sociedad contemporánea. Desde su crédito inicial, sobreimpreso en las fachadas de dos edificios - que, por ende, nos colocan en una ciudad-, el metraje transcurre mediante una sucesión de primeros planos de rostros, que se intercalan con imágenes fijas de grupos y multitudes humanas, las cuales podrían habitar en una urbe como la expuesta al comienzo, a lo cual Lipsett inserta otras imágenes (fijas y móviles) que forman parte del tipo de sociedad generada por esas personas y consecuencias de la civilización, constructora de esos edificios y, por consiguiente, de esas ciudades.

En *very nice very nice*, llama la atención la expresión de todos los rostros, mostrados en reacciones difíciles frente a eventos que nunca vemos: "Son caras atrapadas en el acto de mirar, viendo algún momento del mundo por primera vez. Hay algo terriblemente desnudo y no preparado"[67].

La banda sonora la conforma, en primer lugar, una voz over similar, en tono, a la de los locutores radiales o la empleada en los comerciales. Ella se sobrepone y

---

[66] Stanley Kubrick: "Letter to Arthur Lipsett", very nice, very nice file. Arthur Lipsett Collection. Cinémathèque québécoise Archives. Montreal, citado por Michael Dancsok: "Trascending the documentary: The films of Arthur Lipsett". A Thesis in the Department of Comunication Studies for a Degree in Master of Arts. Concordia University. Montreal, Quebec, Canada, 1998, p. 21.
[67] Michael Hoolboom: "Arthur Lipsett", en Michael Hoolboom's blog. http://mikehoolboom.com/?p=2027

contrapone a las imágenes, marcadas por un montaje rítmico, al que contribuye la música y los más inesperados efectos de truca sobre las fotografías.

El toque sardónico se redondea cuando la propia voz, precedida por unos aplausos, dice: "Bravo, very nice, very nice" en distintos momentos muy puntuales del corto.

El mismo estilo narrativo está en sus próximos cortos: *Free fall* y *21-87*, ambos de 1964, así como *A trip down memory lane*, terminado en 1965. En todos permanece el análisis de su tiempo, que incluye el juicio de su sociedad con un énfasis marcado en la violencia de la guerra.

Aunque tienen en común la mirada crítica a través de recursos expresivos similares, el discurso de los cortos se convierte cada vez más críptico. El propio Lipsett juzgó la evolución de su obra de esta forma: "El primer film fue mucho más fácil de entender y muy popular, pero en la medida en que mis películas fueron progresando, devinieron en más difíciles de comprender y más dificultoso para mí obtener dinero. No podía pensar en una audiencia para ellas"[68].

En 1968 estrena *Fluxes*. El título que podría traducirse como "flujo" pero también como "movimiento continuo", significado que permite entender la intención de Lipsett con este casi mediometraje de 24 minutos.

La obra explora el dominio que la ciencia está ejerciendo sobre la humanidad, por eso sus primeras imágenes nos muestran un grupo de chimpancés expuesto a unas pruebas de inteligencia, mientras la voz omnipresente en todas sus películas contrapuntea con lo visto, utilizando fragmentos de textos extraídos de películas de ciencia ficción clase B.

El film transcurre como un collage que se mueve entre imágenes de la sociedad contemporánea occidental alternándose con otras tomadas de distintos lugares en países orientales.

Varios son los temas que se van reflejando en este fluir de la vida en el planeta: Los descubrimientos científicos y los primeros intentos de dominar el cosmos, la guerra con las primeras imágenes de los bombardeos y sus efectos filmados desde las

---

[68] Arthur Lipsett citado por Michael Hoolboom en: Ibidem.

naves de los atacantes, la vida religiosa y exótica de otros pueblos, reflejados en tomas provenientes de diferentes momentos históricos.

El contrapunteo de todas estas imágenes, mantenidas hasta el último minuto del texto, son resemantizadas por una banda sonora donde convergen todos los clichés y giros auditivos, utilizados en diferentes géneros televisivos y cinematográficos.

Andrew Munger valora el choque entre historia y cultura popular, provocado en *Fluxes,* como "una fantasmagoría de la nada", y considera a este film como el más pesimista de Lipsset[69].

Vista su obra como un proceso dentro de la década de los sesenta, *Fluxes* es la metáfora final de la sociedad capitalista que llegaba un punto en su propio desarrollo, necesitada de un cambio, el cual se estaba produciendo más allá de sus fronteras en las colonias y del otro lado del llamado "telón de acero", donde también el flujo de la vida demostraría que tampoco era *very nice*.

El grito: el found footage para la memoria y el ensayo

Si en la obra de Lipsett, el reciclaje de las imágenes tomadas de las más diversas fuentes originales, permitieron construir una alegoría de la sociedad occidental capitalista. En México, las manifestaciones de rebeldía estudiantil que se produjeron durante el año 1968 y su trágico desenlace, quedaron conservadas en un documental realizado por el Departamento de actividades cinematográficas de la Universidad Autónoma de México (UNAM) y el Centro Universitario de Estudios Cinematográficos (C.U.E.C.). Su título: *El grito*. Su realizador: Leobardo López Arretche.

El grito reconstruye el camino de protestas y movimientos de inconformidad en la sociedad mexicana y, en especial, en las universidades, que llevó a la masacre en la Plaza de Tlatelolco, ocurrida el 2 de octubre, mediante una crónica, mes por mes, a partir de julio de 1968.

---

[69] The films of Arthur Lipsett. https://www.closeupfilmcentre.com/film_programmes/2008/lost-and-found-the-films-of-arthur-lipsett

Su estrategia narrativa hace uso del found footage, lo cual convierte al texto en un film de compilación. Diferente a lo que estaba haciendo Arthur Lipsett en Canadá, los realizadores de *El Grito* emplearon imágenes filmadas por más de diez camarógrafos de la escuela, unidas a imágenes provenientes de los diarios y de la televisión.

La banda sonora está compuesta por el sonido propio de cada una de las secuencias seleccionadas, por fragmentos de comunicados emitidos durante esos días por el consejo nacional de huelga a través de la radio o la televisión, o la producción de efectos que re semantizan acontecimientos expuestos a través de fotos tomadas desde los medios periodísticos.

Sin embargo, en el último fragmento dedicado precisamente a octubre, mes en que ocurren los sucesos, se produce un cambio en la narración del texto audiovisual. En la banda sonora, la línea discursiva pasa a ser regida por una voz femenina que ya habíamos escuchado al inicio explicando su punto de vista sobre el motivo detonante de las revueltas estudiantiles, y que ahora retoma su propia historia como testigo y participante presencial de lo ocurrido. El primer elemento llamativo es el extrañamiento provocado por el alegato que oímos, pues el tono de la voz no corresponde con un narrador autodiegético, que vivió ese momento, sino como un texto leído dramáticamente por otro individuo. Al final, en los créditos, conocemos que hemos estado oyendo el testimonio escrito por la periodista italiana Oriana Falachi, en la voz de Magda Vizcaino.

Este tratamiento del narrador, en conjunción con el sonido generado por las propias escenas, contrapuntea las imágenes que van perdiendo su naturalidad como compilación de la masacre, para romper el ritmo de la narración debido a la manipulación hecha sobre ellas, ya sea aprovechando su fuera de foco y la sobresaturación del grano, repitiéndose o aplicando la truca sobre las fotos de la tragedia, con lo cual altera el ritmo de la edición y llama la atención de los espectadores sobre lo contado mediante el montaje. Lo mostrado no sincroniza con la tragedia personal de la periodista, solo coinciden cuando la narración abandona la primera persona y juzga las consecuencias del suceso desde un punto de vista impersonal.

La transformación del estilo narrativo es muy importante en este documental, pues la objetividad de la memoria, recreada en la primera parte como una crónica, ahora toma un carácter subjetivo, pues está regida por un narrador seudo- autodiegético, cuyo testimonio es replicado por una voz ajena a los acontecimientos, cuya narración trasciende ese día y se extiende a los posteriores, haciendo referencia a la inauguración de los Juegos Olímpicos, inaugurados el 12 de octubre en la capital azteca. No obstante, las imágenes continúan mostrando el dolor de los familiares de las víctimas durante el entierro de una de ellas.

Todos estos elementos conformadores del relato, convierten a *El grito* en un documental ensayo, el cual, de forma parecida a Lipsett, no termina su historia con los créditos finales, pues, mientras oímos una canción que comenta la tragedia, durante todo el transcurso de estos por la pantalla, aparece intercalado –mediante el fade in- la imagen de un niño, en un gran primer plano, quien, de una forma aparentemente disimulada, hace para la cámara la señal de victoria. Imagen que, entre la picardía que muestra el rostro del pequeño y su accionar con los dedos, queda como un guiño de esperanza en el futuro después de tanta violencia.

Cinétracts y *La hora de los hornos*, urgencias políticas y cine imperfecto

En Francia, Jean Luc Godard junto a otros realizadores como Chris Marker o Alain Resnais, estuvieron a tono con los sucesos de las calles parisinas a través de los denominados *Cinétracts*, una forma novedosa para el lenguaje cinematográfico de ser testimoniante de su tiempo, pues aprovecharon las muchas fotos provenientes de lo acontecido día a día, e incluso fotogramas de películas realizadas por los mismos creadores de estos experimentos audiovisuales, para intervenirlas mediante graffitis hechos con un simple bolígrafo o un marcador, y proponer una lectura semántica diferente, la cual se enriquecía por la colocación de las mismas en la secuencia construida para cada una de las entregas.

Sus características formales exigían la filmación en formato amateur: 16 u 8 mms, en bobinas pequeñas, que solo permitían una duración de poco más de 2 minutos.

Cada fragmento del texto rebasaba su función de testigo, para intentar ser un producto suscitador de la acción y la rebelión. Su objetivo, conseguir un efecto político, de agitación entre las masas, mediante los sindicatos o los comités de acción. De ahí que fueran considerados escrituras de urgencia. El incentivo para realizarlos se puede entender en este comunicado arenga:

> "¡Intentemos expresar a través de los *cinétracts* nuestros pensamientos y nuestras reacciones! ¿Para qué? Para: Oponerse, proponer, sorprender, informar, preguntar, afirmar, convencer, pensar, gritar, reír, denunciar, enseñar ¿Con qué? Una pared, una cámara, una lámpara iluminando la pared. Documentos, fotografías, periódicos, dibujos, carteles, libros, etc. Un rotulador, cinta adhesiva, pegamento, cinta métrica, un cronómetro…"

Ese mismo año, desde este lado del Océano Atlántico, se estrenaba un documental con características formales diferentes, pero cuyo objetivo era similar: estimular el pensamiento político. Me refiero a *La Hora de los hornos*, dirigido por Fernando Solanas y Octavio Getino, integrantes del Grupo Cine Liberación. El texto cinematográfico argentino fue pensado como un largometraje, no en forma de cápsulas como los *Cinétracts*; pero tanto uno como el otro empleaban el texto fílmico como una herramienta política, más que como la obra en sí.

Ambos fueron concebidos para su exhibición en circuitos no formales, alternativos y buscaban construir un personaje nuevo el creador que no se sintiera Dios, pues podía ser cualquier ser humano, sin importar su procedencia.

Otro elemento en común estaba en la función del espectador, quien debía tener de forma permanente una actitud activa, pues las exhibiciones tanto de los *Cinétracts* como de *La Hora de los hornos* era concebida solamente a través del debate. Dicho propósito queda explícito en el mismo texto audiovisual cuando la voz del narrador le explica al posible auditorio –sobre una pantalla negra para que no haya ningún tipo de interrupción visual- cuáles eran las intenciones de los creadores al respecto:

> "Compañeros, esto o es solo la exhibición de un film, ni es tampoco un espectáculo. Es ante que nada un acto. Un acto para la liberación argentina y latinoamericana. Un acto de unidad antimperialista. Caben en él aquellos

que se sientan identificados con esta lucha. Porque no es este un espacio para espectadores ni para cómplices del enemigo, sino para los únicos autores y protagonistas del proceso que el film intenta de algún modo testimoniar y profundizar"

Este último sentido utilitario para la propaganda política, pensado como textos muy breves en la realización francesa, era resuelta en el film argentino a través de la fragmentación en capítulos, con lo cual – en dependencia del público al que se fuera a presentar la obra- los distribuidores podían llevar una o varias partes de ella.

El modo de representación dominante en *La Hora de los Hornos* es el expositivo en casi todas sus partes, la voz del actor y locutor Edgardo Suárez lleva el hilo narrativo del filme.

El largometraje argentino también puede evaluarse como un documental ensayo; pero, al contrario de las cintas citadas anteriormente, el ensayo en *La Hora…* mantiene su formato literario. Es un texto ensayístico leído por este narrador heterodiegético que juzga la situación de Argentina desde el periodo colonial hasta la contemporaneidad del texto audiovisual.

Solo el opening y el fragmento que podríamos llamar epílogo tienen una estructura diferente. En ambos, se ofrece un collage, editado de forma rítmica sobre la música escrita por Roberto Lar, en el cual frases de los más sobresalientes pensadores del momento se alternan con imágenes de rebelión en las calles, todas intercaladas mediante disolvencias. La composición de Lar está concebida como un himno de guerra en el que se mezclan diferentes ritmos latinoamericanos que le brinda una fuerza increíble desde el primer momento de la obra. En su último fragmento, la música es cantada y en la letra hay una incitación a la lucha violenta, pero organizada.

Si la aparición de los Cinétracts era acompañada por manifiestos arengas, *La Hora de los hornos* iría acompañado de un manifiesto: "Hacia un tercer cine"

Asombra más el contenido del manifiesto acompañante, publicado en 1969 dentro de la revista *Tricontinental* no.13, de octubre de ese año[70], que la narración cinematográfica de *La hora de los hornos* en su totalidad.

En "Hacia un tercer cine" se alude a las formas de realización propuestas por los *Cinétracts* como una vía a tener en cuenta en la implementación del cine como un arma política:

> "El cine está cada día más al alcance de capas mayores. Las experiencias realizadas por Marker en Francia proporcionando a grupos de obreros equipos de 8 mms, tras una instrucción elemental de su manejo, y destinadas a que el trabajador pudiera filmar, como escribiendo, su propia visión del mundo, son experiencias que abren para el cine perspectivas inéditas y antes que nada una concepción del hecho cinematográfico y del significado del arte en nuestro tiempo".

Tanto los cortos franceses como la propuesta del "Cine de guerrillas" definido por Solanas y Getino coincidían en la urgencia y la violencia en su concepción, necesaria para esos tiempos:

> "El cine de guerrillas proletariza al cineasta, quiebra la aristocracia intelectual que la burguesía otorga a sus seguidores, democratiza (…)
>
> La cámara es la inagotable expropiadora de imágenes municiones, el proyector es un arma capaz de disparar a 24 fotogramas por segundo (…)
>
> Nuestra época es época de hipótesis más que tesis, época de obras en proceso, inconclusas, desordenadas violentas, hechas con la cámara en una mano y una piedra en la otra…"[71]

El pensamiento generado por los *Cinétracts* y "Hacia un tercer cine" sería complementado con "Por un cine imperfecto", escrito por Julio García- Espinosa y

---

[70] La revista *Tricontinental* pertenecía a la OSPAAL (Organización de Solidaridad con los Pueblos de Asia, África y América Latina), cuya sede estaba en La Habana.

[71] Octavio Getino y Fernando Solanas: "Hacia un tercer cine: Apuntes y experiencias para el desarrollo de un cine de liberación en el tercer mundo", 1969. En: Textos breves 2, Filmoteca de la Unam, México, 1982, pp. 49 y 50.

aparecido, también en 1969, en la revista *Cine cubano*. Ellos marcarían el destino de lo que se consideró el Tercer Cine y dentro de América Latina, lo que nucleó estéticamente al llamado, unos años más tarde, Nuevo Cine Latinoamericano.

En conclusión, el mundo mostrado por Lipsett continuó con su delirio guerrerista y consumista. Después de los sucesos de 1968, la vida volvió a fluir muy agradablemente en las dos partes del telón de acero.

América Latina y una buena parte del mundo llamado subdesarrollado entraría de lleno a enfrentar la violencia reaccionaria con la revolucionaria, y se alcanzaría la descolonización de una buena parte del planeta.

La próxima década, la de los setenta, traería las dictaduras militares a América Latina y la creación cinematográfica se politizaría olvidando que, junto a su función movilizativa, debía estar la artística.

Cuba 1968 visto desde Japón con el catalejo de Sergio

Sachiko Terashima

Encuentro con *"Memorias"*: tres japoneses en La Habana de 1968

Memorias del subdesarrollo (Memorias) se estrenó el 19 de agosto de 1968 en Cuba, pero hubo tres japoneses que la habían visto, antes del estreno, en una sala del ICAIC: **Makoto Oda**, escritor y activista, que estaba desplegando una actividad por la paz en Vietnam; **Kazuo Kuroki**, director del cine independiente que estaba filmando en Cuba un largometraje de ficción, *"La novia de Cuba"*; y una universitaria que estaba de visita en un programa del intercambio, a la que conocí hace 6 años cuando organicé la reposición de *"La novia de Cuba"* en una universidad en Tokio. A los tres les impresionó *"Memorias"*, y Oda se decidió a traducir la novela homónima (de inglés a japonés, con el título también inglés: *"Inconsolable memories"*) y la publicaron en 1972.

En su epílogo, Oda cuenta de la impresión de la película: "Me asombró la película. Era una película excelente...como nunca había visto películas cubanas, quizá hubiera tenido menosprecio suponiendo que sería una obra de "subdesarrollo" como decía el título. Se me cayó la venda de los ojos. Me abatió la película." Y añade: "Más que las técnicas, me asombró el tema."[72]

Mi encuentro con la novela en 1990 y con la película en 2000

La película se estrenó por primera vez en Tokio durante la "Semana del Cine Cubano" en 1972. Sin embargo, cuando me enteré de la existencia de la película en 1990, a través de un libro norteamericano (*Memories of Underdevelopment and Inconsolable Memories, publicado por Rutgers University*), no había ningún modo de verla en Japón en ese momento. No obstante, gracias a Makoto Oda, pude leer la novela y me alegré de saber qué sentía un cubano bajo la Crisis de Misiles,

---

[72] La traducción al español de los textos japoneses pertenece a la autora.

porque a pesar de que la llamamos en mi país "la Crisis de Cuba", no se trataba de la Isla sino más bien de Estados Unidos y la Unión Soviética. Me impresionó la visión propia cubana y sentí como mío el miedo y la inquietud del protagonista ante el supuesto ataque nuclear.

Yo nací en 1954, 9 años después de la guerra perdida en el país donde habían caído dos bombas atómicas. Aunque no conozco la guerra, crecí con su memoria y crítica de nuestro pasado reciente; mi padre había sido mandado al campo de batalla como los demás y mi madre se quejaba de su juventud perdida; en las revistas se veían fotos horribles de la guerra, de Hiroshima y Nagasaki, y también de otros países; se leía mucho de las experiencias infernales y de la trágica muerte de los jóvenes "kamikaze". Todo esto me marcó y de niña veía a Japón como un país subdesarrollado tanto económico como mentalmente.

Creo que esta circunstancia me hizo sentir simpatía por el título y el protagonista de *"Memorias"*, a pesar de que era un tipo nada simpático.

Pasados 10 años, en 2000, por fin pude ver la película en un video que me trajo un amigo mejicano, pero tuve una impresión diferente a la novela. Eso se debería al brusco comienzo frenético y al final suspenso; la novela terminaba dándome cierto alivio al saber que el protagonista sobrevivía, sin embargo, la película terminaba en medio de la Crisis, sin saber qué le habría pasado a *Sergio*.

Me quedé perpleja, quise saber qué le pasó y empecé a pensar qué podría hacer yo si fuera *Sergio*. Sentí el deseo de presentar la película, para que mis paisanos conocieran la Cuba de la Crisis de Octubre y la angustia que expresaba *Sergio*, y también para que pensáramos juntos qué deberíamos hacer si nos viéramos en una situación tan crítica como aquella. Me decidí a hacer subtítulos necesarios al japonés y los hice contando con la novela y el libro norteamericano que incluía el guion con las explicaciones detalladas de escenas y, por supuesto, viendo la película innumerables veces.

En 2003 realicé una pequeña exhibición de *"Memorias"* en un restaurante cubano ubicado en Tokio, a la que asistieron unas diez personas invitadas por mí. Entre ellos hubo un diplomático cubano y su esposa, ya que yo le había informado del evento a la Embajada. Terminada la exhibición, todos se quedaron sin palabras; entonces se levantó el diplomático y dándome gracias por la exhibición, empezó a hablar apasionadamente de su recuerdo, especialmente de la Invasión de la Playa Girón. Su reacción me fue algo inesperado, porque me imaginaba que el recuerdo de la Crisis de Octubre sería una pesadilla para los cubanos. Y me di cuenta de que acaso yo estuviera equivocada; me puse más confusa. Empecé a averiguar obsesionadamente y me enteré de que la Crisis de Octubre había sido el momento culminante de la unión del pueblo cubano. Pero, aún sin poder creerlo, yo misma pregunté a unos cubanos, quienes me afirmaron que no sintieron nada de miedo durante la Crisis, sino que se sentían valientes. Fue un recuerdo de gloria y orgullo para ellos.[73]

"Rebelión de las masas" de Ortega y Gasset

En el mismo 2003, presenté parcialmente *"Memorias"* en un seminario del curso del estudio latinoamericano que tomaba, lo que me llevó a escribir mi propia interpretación de la obra. Ya había leído en la WEB unas entrevistas a Edmundo Desnoes, autor de la novela en la que se basa el filme, y varios artículos sobre *"Memorias"*. Pero, siguiendo las palabras de *Sergio*, me interesaba ser "consecuente" con algún pensamiento o teoría y elegí la *"Rebelión de las masas"* por ser citado en *"Memorias"* su autor, José Ortega y Gasset.

Resultó que identifiqué a *Sergio* con *"el niño mimado de la historia humana"*, que según Ortega, *"es el heredero que se comporta exclusivamente como heredero. Ahora la herencia es la civilización -las comodidades, la seguridad; en suma, las ventajas de la civilización"; "Es una de tantas deformaciones que el lujo produce en la materia humana"*. Y la frase, *"si la atmósfera no me oprimiese, sentiría mi cuerpo como una cosa vaga, fofa, fantasmagórica"* me recordó el monólogo de *Sergio: "Mi*

---

[73] Nota: En *"Memorias del desarrollo"* (2010) el director Miguel Coyula adaptó mi pregunta, que yo le había trasmitido, en la escena de la conferencia de Sergio en Japón.

vida es como un vegetal monstruoso y fofo de hojas enormes y sin frutas". Ortega afirma que: *"la vida humana, por su naturaleza propia, tiene que estar puesta a algo, a una empresa gloriosa o humilde, a un destino ilustre o trivial";* *"Si me resuelvo a andar por dentro de mi vida, egoístamente, no avanzo, no voy a ninguna parte";* y dice: *"que participe en una empresa, en un gran destino histórico".* Me pareció, entonces, oír las enormes olas en el Malecón y ver a *Sergio* caído de "la altura del tiempo" que le tocaba vivir, perdido en *"el laberinto de su egoísmo".* De este modo concluí en aquel momento que *Sergio* era *"el hombre-masa",* quien *"cree que sólo tiene derechos y no cree que tiene obligaciones; es el hombre sin la nobleza (snob)".*

Mi duda sin resolver

Ahora que repaso mi hipótesis, no pienso que *Sergio* sea *"el hombre-masa",* pero fue un paso necesario para acercarme a las supuestas ideas de los cubanos que criticaban a *Sergio.* Sin embargo, aún me quedaba una duda por resolver: Si uno no está de acuerdo con la empresa que puede causar un desastre irremediable como una guerra nuclear mundial, ¿aún debería lanzarse a esa empresa? Pensar en esto era, para mí, pensar en cómo habría debido comportarme si me hubiera tocado vivir el tiempo de antes de la guerra.

Encuentro con el profesor Mario Piedra y el autor Edmundo Desnoes

Aunque no tenía nadie con quien compartir mi interés en "Memorias", en Cuba sí me encontré con quienes me ayudarían y acompañarían en mi búsqueda, ¡además animándome! En el año 2003 viajé a Cuba, y allí conocí a Mario Piedra, profesor del cine cubano de la Universidad de La Habana, quien sería posteriormente mi profesor y guía.

Al año siguiente, él me ayudó a realizar mi sueño de asistir al Festival del Cine de La Habana y además me dio clases sobre cine cubano. Su lección me fue tan interesante que decidí crear un blog del cine cubano (en japonés) para compartir lo aprendido y seguir el estudio.

Durante esa estancia en La Habana en diciembre de 2004, tuve la milagrosa suerte de encontrarme con Edmundo Desnoes, a quien yo tenía muchísimas ganas de preguntar sobre *"Memorias"* y la supuesta influencia de Ortega y Gasset en su novela. Cuando lo vi caminando con su pareja, quien sirvió de modelo al personaje de *Hanna*, me atreví a acercarme, y le dije que me identificaba con *Sergio* y que los japoneses lo entenderían por haber experimentado drásticos cambios con la derrota de la guerra. Él me dio su email, lo que nos permitió iniciar nuestra comunicación electrónica.

Mi primera pregunta fue sobre el concepto de la "alteración", representada en la figura del personaje de *Elena*, a la que contestó: *"Siempre he citado a Ortega sobre ensimismamiento y alteración. Encontré la presentación del tema en "El hombre y la gente". Yo adapto "alteración" al espíritu inquieto, volcado hacia el exterior del subdesarrollo, y "ensimismamiento" al espíritu desarrollado, trabajado por la historia y la cultura."*

Más adelante y en otro correo, Desnoes me comentó: *"La revolución planteó la necesidad de salir del subdesarollo económico, yo, por otra parte, insistí en la necesidad de salir del 'subdesarrollo cultural, psicológico', ese es el tema, mi preocupación central."*

De las palabras de Desnoes sobre "Memorias", tengo muchísimas que quisiera presentar, pero es imposible aquí, por lo que sólo pongo algunas relacionadas con el tema: *"La literatura y el cine tienen dos funciones en la primera etapa de una revolución: crear nuevos valores, como en Lucía, y cuestionar esos valores, como en Memorias del subdesarrollo"*; *"Es la síntesis de un momento eufórico y desgarrador, un momento en que todo se concentra en la colectividad y expulsa al individuo. Pero el individuo se expresa."*. *"Las opiniones no deben imponerse como verdades absolutas."*. *"La ambigüedad y la incertidumbre nos mantiene despiertos"*. *"La crítica no debilita los sistemas, los fortalece."*

Cuba de 1968: visión de Oda y la mía

En el epílogo de *"Memorias"* traducido por sí mismo, Oda cuenta cómo ve al protagonista de la novela y a la Revolución: *"El protagonista no es revolucionario ni contrarevolucionario. Si obligan a definirlo, sería 'no revolucionario', pero eso no es más que un sinónimo de 'gusano'. No obstante, él se queda en Cuba. Y eso significa que él está tratando de vivir dentro de la Revolución. Sin embargo, él no sabe cómo y la Revolución tampoco"; "Esto de 'ni él ni la Revolución saben cómo vivir' me parece el tema principal de la novela y de la película."*

Oda no dice nada por qué le parecía que la Revolución no sabía cómo vivir, pero yo veo que el 1968 fue su línea divisoria. Tras la muerte reciente del Che, símbolo de un socialismo propio latinoamericano, vanguardista, diferente al soviético, la Revolución se quedó "náufraga", solitaria en el mundo; además estaba en medio de un apuro económico. Para vencer la crisis económica y ser independiente se tomaron medidas radicales como "Ofensiva Revolucionaria", "Cordón de La Habana", además de la "Gran Zafra", que afectarían al país, aunque en *"La novia de Cuba"* del director japonés están filmados con un aire optimista.

En cuanto al campo cultural, gracias a Desnoes, me enteré de que había conflictos constantes entre los intelectuales y artistas más liberales y los viejos comunistas dogmáticos. Cito como ejemplo que en marzo de 1968 expulsaron a Silvio Rodríguez del programa experimental, *"Mientras tanto"*, por cuestión aparentemente ideológica o de "moral revolucionaria".

En agosto, al día siguiente del estreno de *"Memorias"*, una película muy liberal, ocurrió la Invasión a Checoslovaquia, lo que cambiaría el rumbo de la posición de la Revolución hacia la Unión Soviética. La japonesa citada al principio me contó lo confusos que se quedaron los cubanos ante las declaraciones sobre la invasión soviética y el director Kuroki metió una caricatura sobre el suceso en *"La novia de Cuba",* un filme medio documental de 1968.

Dos meses después la inquietud de *Sergio* se convertiría en la de los intelectuales, ya que en octubre aparecen críticas seguidas a algunos escritores, como Heberto Padilla, cuya poesía *"Fuera del juego"* siempre me evoca a *Sergio*, como el presagio del venidero "quinquenio grís".

Vacilación como germen del desarrollo individual

Dice Oda: *"El protagonista no niega la Revolución sino, más bien, la aprecia y por lo tanto decide quedarse en Cuba; pero no puede encontrar en ella su propia posibilidad. Será porque él fuera un intelectual "atrasado" sin remedio. No obstante, me parece que Desnoes le da más sentido al protagonista. En su postura ante la Revolución se ve claramente la vacilación…me parece que Desnoes mete en esa vacilación un significado importante o una decisión, como el tema del Estado y el individuo…".*

En cuanto a "la vacilación", Desnoes cita, con frecuencia, el ejemplo de *"Don Quijote"* y *"Hamlet"*, insistiendo en la importancia de vacilar como *"Hamlet", e* indica que eso les falta a quienes cuya lengua materna es el español.

También dice que en la historia occidental el desarrollo consiste en dudar.

Yo, por mi propia experiencia con *"Memorias"*, quiero añadir que dudar es el primer paso para pensar con su propia cabeza, como intentó Alea con la película.

Además, me interesa presentar otro pensamiento, *"Ética de la vacilación"*, derivado del trabajo sobre Alberto Camus, escrito por el pensador japonés, Tatsuru Uchida. Según su trabajo, durante la guerra Camus afirmaba matar enemigos bajo las mismas condiciones, sin embargo, tras la liberación de París, ante la pugna de los colaboradores con Alemania, el escritor cambia su postura porque ya no están en las mismas condiciones. Uchida opina que Camus se quedó paralizado ante la cuestión de a quién pertenece el derecho a ejercer la violencia (de matar) y desgarrado entre la justicia y el perdón, consiente en la petición de clemencia, lo cual causa la expulsión de Camus desde el círculo intelectual de París. Pero Uchida aprecia a Camus vacilante más que a los demás y llama a su *aporía* ideológica "vacilación de justicia" o "ética de la vacilación".

Quizá esto parezca no tener que ver con *"Memorias"*, pero a mí me convence que la vacilación no es la debilidad humana sino, más bien, la sinceridad intelectual, que te hace humanamente resistente. Ahora pienso que era el hilo de *"Memorias"* que me atrajo desde el principio y me guió hasta ahora.

Opinión de Oda citada del epílogo de la novela

"La palabra 'revolución' es bella. Y además la Revolución Cubana es como una revolución de esperanza de toda la humanidad. Sin embargo, también es una obra de seres humanos. Existen varias personas y cada uno tiene su opinión, sentimiento, deseo, y derecho a vivir y libertad, lo cual Desnoes trata de admitirlo

evidentemente. Procura reconocer que si no empieza con esta verdad o con esta comprensión, la revolución dejará de ser revolución. La Revolución Cubana no es una excepción tampoco."

Cine cubano y yo

Según el profesor Piedra, el ICAIC tenía como una meta en sus inicios crear nuevos espectadores, es decir, convertir los pasivos en activos; también tenía otra meta, que era promover la comunicación. Si es así, quizás soy un ejemplo viviente de su éxito (¿o fracaso?), superado el tiempo y espacio.

Por consiguiente, aprovechando esta ocasión, quiero agradecer tanto al cine cubano como a los cubanos que me han acompañado, por brindarme tantos encuentros valiosos y por enriquecerme la vida.

El espíritu que he descubierto en el cine cubano lo aprecio tanto que seguiré tratando de trasmitirlo por mi blog, para que no se olvide.

Información suplementaria de *"Memorias del subdesarrollo"* en Japón:

La película *"Memorias del subdesarrollo"* se estrenó pública y comercialmente en Japón en 2007 y yo tuve la oportunidad de ofrecerle un modesto servicio en elaborar los subtítulos en japonés, con la generosa ayuda de Desnoes y Piedra.

La edición de la novela traducida por Makoto Oda había sido agotada, pero en 2011 fue publicada nuevamente, traducida por Fumiaki Noya, profesor de literatura latinoamericana, quien me había propuesto realizar la ponencia sobre *"Memorias"* en el seminario citado de 2003.

*   Esta ponencia fue enviada por su autora para el Encuentro; pero no se expuso porque ella no pudo asistir. La incluimos en las Memorias debido a la novedad del tema.

De los autores:

Dr. Rafael Acosta de Arriba (1953). Investigador, crítico de arte, poeta, ensayista, profesor titular de la Universidad de las Artes (ISA) y de la Facultad de Artes y Letras de la Universidad de La Habana. Doctor en Ciencias Históricas (1998) y Doctor en Ciencias (2009) o post doctorado. Trabaja como Investigador Titular en el Instituto de Investigaciones Culturales (ICIC) Juan Marinello, de La Habana. Ha recibido diferentes premios y reconocimientos, entre ellos el Premio Anual de Investigaciones del Ministerio de Cultura en cuatro ocasiones: 1994, 2010, 2012 y 2014. También ha recibido en dos ocasiones, 2011 y 2015, el Premio Nacional de Crítica de Arte Guy Pérez Cisneros.

Lic. Antonio Enrique González Rojas (1981). Licenciado en Periodismo. Narrador y crítico de arte. Guionista y crítico del programa televisivo *Lente joven*. Textos suyos han aparecido en Hypermedia Magazine, La gaceta de Cuba, El Caimán Barbudo, Altercine, Cine Cubano: La pupila insomne, Esquife, y en varias compilaciones cubanas y extranjeras. Recientemente publicó el e-book *Voces en la niebla. Un lustro de cine joven cubano (2010-2015),* bajo el sello Claustrofobia Ediciones. Miembro de la Asociación Cubana de la Prensa Cinematográfica.

Msc. Berta Carricarte Melgarez. Licenciada y máster en Historia del Arte por la Universidad de La Habana. A partir de 2003 enseña Historia del Cine, Arte Asiático, Apreciación del Lenguaje Audiovisual y del Taller de Crítica Audiovisual en la Facultad de Artes y Letras de la referida universidad. Es autora de *A la sombra del elogio, aproximaciones al cine japonés* (Ediciones ICAIC, 2012). Ha obtenido los siguientes premios y reconocimientos: Premio Nacional de Ensayo e Investigación Cinematográfica (2010), Premio de Crítica del Concurso CARACOL de la UNEAC (2012) y Mención de Ensayo en dicho evento (2014). Miembro de la Asociación Cubana de la Prensa Cinematográfica.

Lic. Daniel Céspedes Góngora. Investigador y crítico de arte. Director de la Mediateca "André Bazin" de la Escuela Internacional de cine y televisión en San Antonio de los Baños (EICTV). Ganador del Premio Nacional de la Crítica Guy Pérez Cisneros 2018 en el género de ensayo. Compilador del libro *Oscar Wilde. El crítico* *como artista y otros ensayos* (Editorial Arte y Literatura. 2017). Miembro de la Asociación Cubana de la Prensa Cinematográfica.

Dra. Astrid Santana Fernández de Castro (1977). Doctora en Ciencias Literarias por la Universidad de La Habana (2010) y Profesora Titular del Departamento de Estudios Teóricos y Sociales de la Cultura de la Facultad de Artes y Letras en la Universidad de La Habana. Trabaja dentro de las disciplinas de Literaturas no hispánicas y Teoría literaria. Es especialista en literatura comparada e investiga particularmente sobre las relaciones entre la literatura y el cine. Coordina el Grupo de estudios sobre intermedialidad y construcción de imaginarios sociales. Ha impartido conferencias en la Escuela Internacional de Cine y TV de San Antonio de los Baños. Ha publicado los libros *Islas y ficciones* (Ed. Arte y Literatura, 2008) y *Literatura y cine. Lecturas cruzadas sobre las Memorias del subdesarrollo* (Editorial UH/ ICAIC, 2010).

Lic. Carlos Alberto Castro García (1976). Licenciado en Educación. Especialista en Comunicación. Realizador audiovisual. Guionista, escritor y colaborador de Radio Sancti Spíritus.

Lic. Arturo Arango (1955). Narrador, guionista, investigador. Graduado de la Facultad de Artes y Letras de la Universidad de La Habana. Desde 1996 es Subdirector Editorial de la revista *La Gaceta de Cuba,* y desde 2014 dirige la Maestría en Escritura Creativa Audiovisual en la Escuela Internacional de Cine y Televisión de San Antonio de los Baños, donde fue Jefe Titular de la Cátedra de Guion de 2006 a 2016. Ha sido profesor invitado del Departamento de Imagen y Sonido de la Universidad de Guadalajara (2005- 2017); del Centro de Capacitación Cinematográfica de México (2010 – 2014), así como consultante del Taller *Plume et Pellicule* de la asociación *Dreamag*o (Suiza) (2008- 2016).

MSc. Karina Paz Ernard. Profesora, investigadora y crítica de arte cubana. Graduada de Historia del Arte en la Facultad de Artes y Letras de la Universidad de La Habana. Se ha dedicado a la crítica audiovisual, aunque también se ha ocupado de otras manifestaciones como la plástica y las artes escénicas. Profesora de la Facultad de Artes y Letras de la Universidad de La Habana y de la Facultad de Arte de los Medios de Comunicación Audiovisual (F.A.M.C.A.) de la Universidad de Las Artes (I.S.A.). Forma parte del grupo Género y Cultura, de la Unión Nacional de Escritores y Artistas de Cuba (UNEAC). Miembro de la Asociación Cubana de la Prensa Cinematográfica.

Lic. Jorge Luis Lanza Caride (1978). Profesor de la Universidad de Cienfuegos. Licenciado en Estudios Socioculturales. Textos suyos han aparecido en diferentes publicaciones nacionales tanto impresas como digitales.

Dr. Joel del Río Fuentes (1963). Profesor, periodista y crítico audiovisual. Doctor en Ciencias del Arte de la Universidad de las Artes (I.S.A.), Cuba. Premio de Periodismo Cultural "José Antonio Fernández de Castro" 2018. Ha ejercido la docencia en la Facultad de Comunicación de la Universidad de La Habana, la Facultad de Arte de los Medios de Comunicación Audiovisual (F.A.M.C.A.) de la Universidad de Las Artes (I.S.A.), la Escuela Internacional de cine y televisión de San Antonio de los Baños (EICTV). Tiene varios libros publicados. Su más reciente título es *La edad de las ilusiones. El cine de Fernando Pérez* (Ediciones ICAIC. 2016). Miembro de la Asociación Cubana de la Prensa Cinematográfica.

MSc. Luciano Castillo (1955). Crítico, investigador e historiador cinematográfico. Master en Cultura Latinoamericana. Director de la Cinemateca de Cuba. Ha publicado, entre otros, los libros: *La verdad 24 veces x segundo, Con la locura de los sentidos, Ramón Peón, el hombre de los glóbulos negros, Entre el vivir y el soñar: Pioneros del cine cubano, El cine es cortar, Trenes en la noche*, y la edición definitiva en varios tomos de *Cronología del cine cubano* (en coautoría con Arturo Agramonte). Guionista y conductor del programa televisivo *De cierta manera* en la televisión cubana. Miembro de la Unión de Escritores y Artistas de Cuba y de la Asociación Cubana de la Prensa Cinematográfica.

Lic. Mario Espinoza. Licenciado en Historia del Arte en la Universidad de La Habana. Trabajó como especialista en la Cinemateca de Cuba

Dra. Jennifer Ruth Hosek. Doctora en Literatura comparativa en la Universidad de California, Berkely, Estados Unidos de América. Profesora Asociada de Estudios Germánicos en el Departamento de Lenguas, Literatura y Cultura de la Universidad

Queen´s. Canadá. Autora del libro *Sun, Sex and Socialism: Cuba in the German Imaginary* (University of Toronto Press, 2012).

Dr. Miguel Alfonso Bouhaben (1974). Doctor en Comunicación Audiovisual en la Universidad Complutense de Madrid, España. Docente-Investigador Titular a Tiempo Completo en la Carrera de Producción para Medios de Comunicación. Escuela de Diseño y Comunicación Visual (EDCOM). Escuela Superior Politécnica del Litoral (ESPOL). Guayaquil. Ecuador. Docente-Investigador Contratado a Medio Tiempo en la Carrera de Cine. Universidad de las Artes. Guayaquil. Ecuador. Ha publicado más de una veintena de artículos de investigación en revista científicas en torno a las relaciones entre Filosofía y Cine. Es director de las revistas científicas *Ñawi. Arte, Diseño y Comunicación* (ESPOL) y de *Ombligo. Revista de Comunicación Visual* (USGP). Miembro de los Grupos de Investigación Cine y Letras (Universidad de Granada) y Filosofía Estética, Ética y Política (Universidad de Oviedo).

MSc. Pedro Rafael Noa Romero (1956). Profesor y crítico de cine. Máster en Ciencias de la Comunicación en la Facultad de Comunicación. Universidad de La Habana. Profesor en la Facultad de Arte de los Medios de Comunicación Audiovisual (F.A.M.C.A) del Instituto Superior de Arte y de la Facultad de Comunicación (FCOM) de la Universidad de La Habana. Es autor de varios libros. El más reciente: *La mirada hacia ellas* (Ediciones Motecallado, 2014). Miembro de la Unión Nacional de Escritores y Artistas de Cuba (UNEAC) y de la Asociación Cubana de la Prensa Cinematográfica.

Lic. Sachiko Terashima (1954). Licenciada de idioma español en la Facultad de Lenguas Extranjeras de la Universidad Sophia en Tokio, Japón. Enseña idioma español en la Nippon Hispano Academy en Tokio. Desde 2005 administra un blog sobre cine cubano (Marysol No Kuba Eiga Syugyo: https://ameblo.jp/rincon-del-cine-cubano/), única de su tipo en Japón.

Imágenes del 3er. Encuentro de la crítica cinematográfica
Promoción del 3er. Encuentro de la crítica cinematográfica

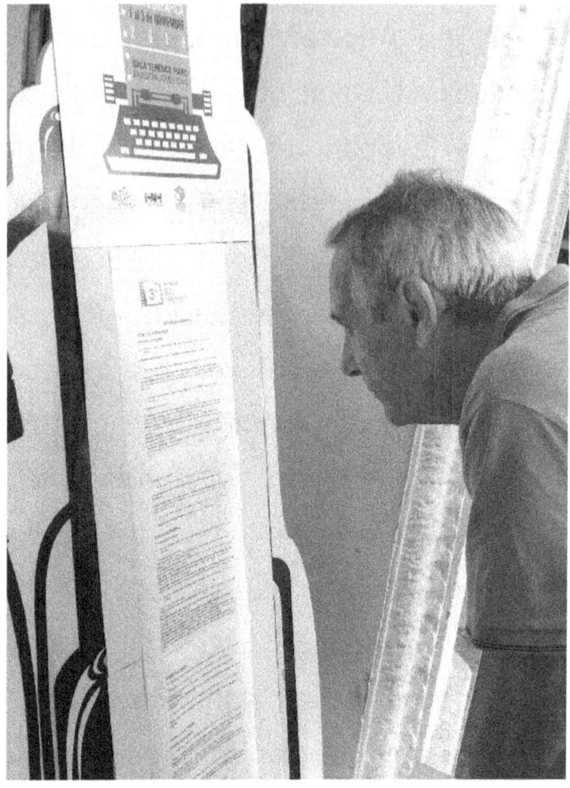

Concierto de Apertura: Cuarteto de cuerdas "Alma" de la Universidad de las Artes (ISA)

Conferencia inaugural: "El Congreso
Cultural de La Habana, expresión de un camino que no fue".

<u>Panel no. 1:</u> De izquierda a derecha: Astrid Santana, Antonio E. González, Daniel
Céspedes y Berta Carricarte.

Intervención de la profesora Ann Marie Stock sobre *Cuban Media Project*.

<u>Panel no. 2:</u> De izquierda a derecha: Karina Paz, Jorge Luis Lanza, Arturo Arango y Carlos A. Castro.

Panel no. 3: De izquierda a derecha: Miguel Alfonso Bouhaben, Mario Espinoza, Luciano Castillo, Jennifer Hosek, Joel del Río

Presentación de libros publicados por ediciones ICAIC. De izquierda a derecha: José Galiño y Daniel Céspedes.

Presentación de la revista *La siempreviva*. De izquierda a derecha: José A. Baujín y Reynaldo González

Encuentro con youtubers cubanos. De izquierda a derecha: Jhan Oscars, Adriano López y Dina Fernández.

Panel "Institucionalidad, modelos de producción y el futuro del cine cubano". De izquierda a derecha: Ricardo Miranda, Liván Magdaleno, Susana Molina, Víctor Fowler y Ramón Samada